생각치기
이야기

성당지기 이야기

초판 발행일 2017. 11. 13
1판 7쇄 2020. 7. 7

글쓴이 SSP
펴낸이 서영주
총편집 서영필
편집 손옥희, 김정희 **디자인** 김서영
제작 김안순 **마케팅** 서영주 **인쇄** 영신사

펴낸곳 성바오로
출판등록 7-93호 1992. 10. 6
주소 서울특별시 강북구 오현로7길 20(미아동)
취급처 성바오로보급소 **전화** 944-8300, 986-1361
팩스 986-1365 **통신판매** 945-2972
E-mail bookclub@paolo.net
인터넷 서점 www.paolo.kr
www.facebook.com/stpaulskr

값 11,000원
ISBN 978-89-8015-901-7
교회인가 서울대교구 2017. 10. 24 **SSP** 1053

© SSP, 2017

이 도서의 국립중앙도서관 출판예정도서목록(CIP)은 서지정보유통지원시스템 홈페이지(http://seoji.nl.go.kr)와 국가자료공동목록시스템(http://www.nl.go.kr/kolisnet)에서 이용하실 수 있습니다. (CIP제어번호 : CIP2017028352)

이 책은 저작권법의 보호를 받으므로 무단전재와 무단복제를 금합니다.
이 책 내용의 전부 또는 일부를 재사용하려면 반드시 저작권자와 성바오로출판사의 동의를 얻어야 합니다.

'성당지기' 사제의
따뜻하고 진솔한 이야기

SSP 글

성당지기 이야기

차례

추천의 글 ... 6

1. 긴 이야기, 그리고 다시 그 자리로… ... 9
성 줄리엔 성당의 수호천사들 ... 10
그리운 고국에 대한 향수 ... 14
Pont de Suicide(자살 다리) ... 17
Bruno, 그의 하느님은? ... 19
장례 미사 – 프랑스인들…그리고 두 명의 한국 사람 ... 27
그날의 수고는 그날로 족하다. 하지만… ... 34
감당할 수 없었던 시간들…
긴 이야기, 다시 그 자리로… ... 38

2. Les dix Commandements(십계) ... 45

3. 석양 속에 올리는 남자들의 기도 소리 ... 53

4. 나의 첫사랑 마냐니타 ... 61

5. 내가 봉고차를 운전하는 이유 ... 69

6. 새벽 장날 따뜻한 베지밀과 김밥 이야기 ... 77

7。 돌침대보다 더 좋은 침대 85

8。 세상에서 가장 아름다운 문자 91

9。 인생의 마지막 선물 - 성당 열쇠 101

10。 고해소에서 야단맞은 신부 109

11。 하느님과 당신이 만나는 자리 121
그동안 여러분의 본당 신부여서 행복했습니다 122
새벽 4시 반, 매일 아침 제대에 촛불을 밝힙니다 127
광야로 떠나는 작은 시도… 146
하느님과 당신이 만나는 자리… 기도 의자 161

12。 빛바랜 9일 기도 책들 173
눈길 위의 두 발자국 174
사제 서품 선물… '버스표' 178
빛바랜 9일 기도 책들 183
자식은 계산을 하지만, 부모는 계산하지 않습니다 189

짧은 후기 196

추천의 글

 이 책은, 사제인 저자 자신이 특별할 것도 없는 소소한 이야기라고 밝히고 있지만 그 소소한 이야기가 실은 읽는 이의 마음을 움직이고 감동을 줍니다.

 새벽에 촛불을 밝히고 성당에서 교우들을 기다리는 모습, 생업에 종사하느라 식사도 제대로 못 하는 이들에게 직접 도시락을 배달하는 모습, 성서 필사, 손 편지 쓰기, 기도 의자로 한마음 한 가족 되게 솔선수범하는 한 사제의 모습이 아름답게 그려집니다.

 경직된 관료주의나 권위주의에 물들지 않고 친구로 가족으로 다가가는 이 책의 주인공은 프란치스코 교황의 권고대로 그야말로 '양 냄새 나는 목자'로 살고자 최선을 다합니다. 사랑과 겸손을 입으로 가르치기보다 몸으로 삶으로 보여 주신 예수님을 닮고자 끊임없이 자신을 돌아보고 성찰하는 현명한 사제, 주어진 현실에서 만나는 이들에게서 인생을 새롭게 배우며 이것을 회심의 계기로 삼을 줄 아는 '성당지기' 사제의 따뜻하고 진솔한 이 고백록을 읽고 우리 모두 잠시라도 행복해지면 좋겠습니다.
 세상의 모든 사제들을 위한 감사와 봉헌의 촛불을 마음속에 다시 켜는 기쁨으로!

이해인(수녀·시인)

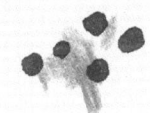

1。

긴 이야기,
그리고 다시 그 자리로…

성 줄리엔 성당의
수호천사들

프랑스 리옹에서 유학하던 시절, 신학생이던 저는 다른 신학생들처럼 현지 본당에 소속되었습니다. 남프랑스 25개 교구에서 보내진 30여 명의 신학생들은 가톨릭 대학원과 그곳에 소속된 기숙사에서 학업을 하고 금요일이 되면 사목 실습을 위해 주말 동안 각자 교구의 본당으로 내려옵니다. 하지만 저는 저 멀리 한국에서 보내졌기에, 대학원장 신부님께서 당신 출신 본당인 '성 줄리엔' 성당으로 보내셨습니다. 나중에 알고 보니 남프랑스의 전형적인 본당으로 북아프리카 알제리에서 순교하신 샤를 드 푸코 신부님의 교구였습니다.

대단지 와인 생산지답게 가늠할 수 없을 정도의 엄청

난 크기의 언덕들 위로 포도밭이 펼쳐진 장관은 그 지역 사람들의 자랑거리였고, 성당 주변에서 열리는 상설 시장과 카페 거리는 항상 사람들로 넘쳐 났습니다. 한 주간 대학원 생활과 학업으로 지쳐 있던 몸과 마음은 본당으로 가는 금요일이면 저도 모르게 활기를 띠었습니다. 무엇보다도 그곳 본당 신부님들의 배려로 잠시나마 책을 보지 않아도 되고 마음껏 잠을 잘 수가 있었기 때문입니다.

그곳에는 50대의 미쉘 신부님과 60대의 피에르 신부님께서 공동 사목을 하고 계셨습니다. 세월이 흘러 지금은 한 분은 은퇴를 앞두셨고, 또 다른 분은 이미 은퇴를 하셨습니다.

미쉘 신부님은 매우 강직하고, 모든 일에 빈틈이 없으셨고 사목에 대한 열정은 정말 그 누구도 따라갈 수 없을 정도로 대단한 분이셨습니다. 본당 사목을 하는 사제가 되어 지금 돌이켜 보니, 지상 나그네 길을 걷는 교회 공동체의 현실을 너무나도 잘 알고 계신 분이셨구나 하는 생각이 듭니다. 교구와 본당의 크고 작은 일을 처리하시는 그분의 현실적인 식별력은 시간이 지나고 나면 언제나 감탄사를 자아낼 정도로 명확하셨음이 드러나곤 했습니다. 한 번도 흐트러진 모습을 보인 적이 없으셨던 그분의 삶을 한마디로 표현하자면 원칙과 규칙이었습니다. 그래서 그분 앞에서는 모든 이가 긴장을 했습니다.

반면 피에르 신부님은 모든 면에 있어서 너그러움이 몸에 밴 분이셨습니다. 신부님들이 공동으로 머무시는 사제관에서 각자의 시간에 맞추어 따로 하는 아침 식사 때마다 늘 피에르 신부님께서는 가장 먼저 아침 식사를 하시고 나서 늦게 나오는 이들을 위해 향기로운 커피와 따끈한 크루아상, 맛있는 치즈를 준비해 놓으셨습니다. 그리고 당신은 조용히 당신 방에서 업무를 시작하셨습니다.

피에르 신부님은 배려와 너그러움의 상징이셨지만 결정을 내리실 때는 항상 너무 오랜 시간이 걸렸습니다. 왜냐하면 모든 이를 배려해야 했기 때문입니다. 그래서 찾아오는 사람은 많았지만 현실적인 해결에 대한 몫은 주로 미셸 신부님에게 돌아갔습니다.

이토록 다른 성향의 두 분 신부님들이셨지만 서로 다른 카리스마가 완벽하게 서로를 보완하면서 신자들과의 만남, 각종 회의, 교구의 크고 작은 일들에서 환상의 조화를 이루셨습니다. 물론 작은 관점의 차이는 있었지만, 항상 서로에게 양보했고 서로의 그 희생들을 기억하고 언젠가 채워 주셨기에 두 분 사이에는 서로에 대한 끈끈한 믿음이 있었습니다.

키가 크고 강직한 미쉘 신부님과 작은 키에 넉넉한 풍채를 자랑하며 늘 웃고 계시던 피에르 신부님은 서로에게 믿음직하고 의지되는 환상의 콤비이셨습니다. 함께 살면서 보니 두 분의 유일한 공통점은 잠시도 쉬지 않고 일을 하신다는 것이었습니다. 이런 두 분 사이에 갑자기 동양에서 온 젊은 한국 신학생인 제가 끼어들게 되었던 것입니다.

수년이 지나 귀국 전 두 신부님들과 함께 산책을 하게 되었을 때 그때를 회상하듯 말씀하시길, 저의 등장으로 인해 사제관에는 그분들만의 평화가 깨지고 두 분 모두 엄청 긴장하셨다고 합니다. 그런 줄도 모르고 저는 머무는 동안 너무나도 편하게 지냈는데 말입니다.

그리운
고국에 대한 향수

외국 언어와 문화 속에서 오직 학업에만 전념하면서도 주말마다 체험하는 사목 실습은 치열하게 한 주간을 살아온 저에게 잠시나마 숨을 쉴 수 있는 여유를 주었습니다. 하지만 점점 어려워지는 학업과 스트레스, 한국 사람을 만날 기회가 전혀 없는 곳에서의 외로운 생활은 처음의 마음이나 열정과는 달리 지쳐 가고 체력도 고갈되어 갔습니다.

유럽 역사의 중심이자 선진국이라는 자부심과 인간 개별적 존재에 대한 근본적인 자유를 지키는 나라, 아름다운 예술과 문화의 나라, 서로의 다양성을 '틀림'이 아니라 '다름'으로 인정하는 'tolerance'(관용)의 나라, 프랑스! 고

급스럽게 들리던 프랑스어와 화려한 거리들, 교회적으로도 깊은 신심의 뿌리를 가지고 있는 나라의 중심에 몸은 살고 있었지만, 마음은 한국에 대한 향수로 점점 물들어 갔습니다.

대학원에서 함께 공부하던 프랑스 동료들은 남프랑스인들의 끝없는 열정으로 너무나도 친절하고 명랑하게 항상 제 곁을 지켜 주었습니다. 그들 덕분에 여행을 굳이 계획하지 않아도 여름이면 남쪽 지중해로, 겨울에는 알프스로, 동료들의 본당이 있는 25개 교구를 모두 돌아보며 마음껏 누리고 배웠지만, 한국 사람, 한국말, 한국 음식, 한국 음악 등 기타 한국적인 모든 것들이 그리움을 넘어 미칠 정도로 보고팠습니다.

심지어는 한국에서 이미 사제가 되어 신자들과 본당에서 보내고 있을 한국 신학생 동료들이 부러워지면서 여기 낯선 땅에서 치열하게 하고 있는 학업과 양성 과정이 끝이 보이지 않는 거대한 태산처럼 느껴져 삶의 의욕조차 잃어 가고 있던 어느 날이었습니다.

여느 때처럼 본당에서 주일 미사를 마치고 성당 문을 활짝 여는 순간 얼음처럼 굳어 버리고 말았습니다. 그렇게도 그리워했던 바로 한국 사람, 그것도 젊은이들 십여 명이 모여서 저를 바라보고 있었던 것입니다. 눈시울이 붉어지게 너무나 반가워서 한국말로 "안녕하세요?"라고 큰 소리로 인사를 했습니다. 그러나 돌아오는 대답은 "Bonjour, Enchanté."(안녕하세요, 처음 뵙겠습니다.)였습니다. 그들은 한국 사람들이긴 했지만 이곳 프랑스로 입양되어 온 사람들이었습니다. 본당 근처 각자의 입양 가정에서 살다가, 본당에 한국 신학생이 사목 실습을 위해 도착 했다는 이야기를 오래전에 듣고 서로가 처음으로 연락해서 찾아왔던 것이었습니다. 그들이 저를 찾아온 것은 한국말을 배우기 위해서도 한국을 알기 위해서 온 것도 아니었습니다. 입양아라는 사실 때문에 서로가 연락을 하고 싶어도 용기를 내지 못하고 있다가 본당에 한국 신학생이 있다는 이야기를 듣고, 그 기회를 빌려 서로 만나고 싶어서 용기를 내어 본 것이었습니다. 그리고 이러한 자리를 위해 미쉘 신부님과 피에르 신부님께서 적극적으로 연결을 해 주셨다는 것을 나중에 알게 되었습니다.

Pont de Suicide
(자살 다리)

그들과의 만남은 그렇게 시작되었습니다.

이미 가정을 꾸린 이들도 있었고, 젊은 청년들 그리고 무엇보다도 이제 갓 사춘기에 들어선 학생들도 많았습니다. 가끔씩 만나면 겉모습은 한국 사람이었으나 언어도, 음식도, 생각도 모두 프랑스식이었습니다. 하지만 모두가 그것이 자신의 본모습이 아니라는 것을 잘 알고 있음에도 그럴 수밖에 없음을 서로가 느끼고 있었습니다.

항상 밝고 명랑한 모습으로 저를 대해 주던 그들이 어느 날, 본당에서 얼마 멀지 않은 곳에 있는 산과 산을 잇는 다리로 저를 데리고 갔습니다. 그 다리 이름은 따로 있었지만 그 지역 사람들은 '자살 다리'라고 부른다고 했습니다.

  그런데 그곳에서 자살을 하는 대부분이 한국 입양아들이라는 사실을 뒤늦게 알게 되었습니다. 유년기를 지나 정체성에 대한 회의가 시작되는 사춘기 무렵에 그들은 정상적인 현지 아이들보다 훨씬 더 많은 내적 고통을 겪게 됩니다. 그렇지 않아도 감정과 사고가 독특해지고 시간 조망이 짧아지는 질풍노도의 사춘기에 그들이 인식하는 실체는 이성적인 현실 검증 능력을 갖추기도 전에 자신의 근본적 처지에 대한 비관과 현실에 대한 반항심으로 가슴 아픈 일들이 그곳 '자살 다리'에서 일어나고 있었던 것입니다. 대부분은 무사히 그 혼돈의 시기를 잘 지나지만, 간혹 이 다리에서 극단적인 선택을 하는 아이들의 소식이 반복되다 보니 그렇게 불리게 된 것입니다. 그곳을 다녀오던 날 울적한 마음을 달래며 제대 앞에 가서 묵언의 기도를 드리며 참으로 많은 말씀을 드렸습니다. 그런데 그때 드렸던 침묵의 기도가 얼마 지나지 않아 원망의 기도로 이어지게 되리라고는 전혀 생각하지 못했습니다.

Bruno,
그의 하느님은?

    이렇게 몇 개월이 지난 어느 날, 본당 신부님을 통해 50대 중반의 프랑스인 부부를 만나게 되었습니다. 사제관에 찾아온 점잖고 선한 인상의 부부는 눈물을 글썽이며 떨리는 목소리로 천천히 자신들의 가족 이야기를 들려주었습니다. 아이를 낳지 못했던 그 부부는 어린 한국인 남매를 입양해서 사랑과 신앙으로 정성껏 키웠고 어느덧 고등학생이 되었다고 합니다. 그런데 동생인 아들 브루노Bruno가 그만 임에 걸려 보는 시도를 해 보았지만 더 이상 병원에서조차 해 줄게 없어 집으로 돌아와 모르핀에만 의지해 하루하루를 연명하고 있었습니다. 그리고 이제는 가족 모두 가슴 졸이며 마지막 순간을 준비하고 있었는데도 사춘기 아들은 자신의 생을 마감할 마음의 준비를 전혀 못하고 있었던 상황이었습니다.

그 아이에게 신은 없었습니다. 아니 그의 말대로 없어야 했습니다. 그가 고통을 느낄 때마다 울부짖은 대로 신, 하느님이 계시다면 축복받지 못한 자신의 탄생과 버려지듯 입양되어 온 현실, 거기에다가 견딜 수 없는 현재의 고통은 없어야 했고, 적어도 자신의 인생이 그렇게 끝나서는 안 되는 것이었습니다. 그래서 하느님은 존재하지 않아야 했습니다. 수많은 인생의 경험을 한 어른도 이해하고 받아들이기 힘들거늘, 하물며 이제 갓 사춘기에 들어선 어린 소년이 감당하기에는 너무나도 큰 시련이었습니다. 그의 적대감은 이미 하늘을 향해 있었기에 지상의 인간들이 주는 대답들은 아무 의미가 없었습니다. 처음 암 진단 이후 재발, 그리고 결국 마지막 진단을 받기까지 긴긴 암 투병 기간 동안 곁을 지켰던 그의 프랑스 엄마, 아빠에게도 매일매일 적대감을 표현하며 폭력적으로 변해 갔습니다.

고통의 횟수가 많아지는 만큼 모르핀을 투여하는 횟수도 많아졌고, 그때마다 부모는 아들 곁에서 죄인으로 머물러야 했습니다.

 브루노의 투병 기간 내내 그 부부는 긴긴 출산의 시간을 거치듯 단 한 번이 아니라 수도 없이 마음으로 그 아이를 낳았고, 브루노를 자신의 아들로 여겼습니다. 하지만 그 아들을 떠나보내야 할 시간이 점점 다가오고 있음을 느끼며 부모로서 자신들의 아픔은 뒤로 한 채 오히려 아들이 묻는 질문에 아무것도 명확하게 설명을 해 줄 수 없는 죄인 아닌 죄인이 되어 버렸습니다. 미쉘 신부님과 피에르 신부님도 다양한 방법으로 그 아이와의 만남을 시도했었지만 한 번도 이루어지지 못하고 거부당했다고 합니다.

 이야기를 듣는 내내 어찌할 바를 모르던 제게 그 부부는 아들을 한 번 만나 달라고 부탁을 했습니다. 한국에서 입양되어 왔으니, 한국 신학생이 요청하면 어쩌면 마음을 열어 줄지도 모른다는 작은 희망이자, 사랑하는 아들을 그렇게 고통스럽게 떠나보내고 싶지 않은 그 부부의 마지막 소망이었던 것입니다.

 그분들이 돌아가고 나서 아주 자연스럽게 그 아이에게 연락을 하기 시작했습니다. 예상대로 브루노는 전화를 받지는 않았지만, 정기적으로 연락을 하고 부모를 통해 메시지를 남겼습니다. 제 자신을 소개하고, 저의 일상적인 생활에 대한 이야기를 적은 카드나 엽서를 보냈습니다. 언제까지일지 모르겠지만 적어도 허락된 시간 안에서 할 수 있는 만큼 최선을 다해야겠다는 생각이 들었습니다. 그래서 직접 찾아가서 차를 한잔하고 오기도 하고, 일부러 저녁 식사를 하러 가기도 하고, 산책을 하다가 불쑥 찾아가기도 하며 이런저런 안부 인사를 남겨 두었습니다. 물론 그때마다 제가 갈 때까지 브루노는 방에서 나오지 않았지만 그럼에도 계속해서 시도했습니다.

그 아이의 반응을 크게 기대하지 않으면서도 그렇게 끊임없이 마음을 주던 어느 날, 부모로부터 브루노가 저에 대해 조금씩 관심을 가지기 시작했다는 소식을 들었습니다.

그러던 중, 성서 과목 시험이 하나 끝나고 잠깐 짬을 내서 북프랑스에 있는 성녀 소화 데레사의 성지인 리지외로 개인 피정을 떠나게 되었습니다. 매일 새벽녘 성지 성당 문이 열리면 첫 미사를 올리고, 어두운 성당 한편에 마련된 성녀의 기념 제대 앞에 촛불을 봉헌하며 피정 기간 동안 참 많이도 기도했습니다. 그곳을 떠나기 며칠 전, 브루노에게 카드를 하나 보냈습니다. 이번에는 사춘기 아이들이 좋아할 만한 아름다운 카드를 골라서 아기 예수 소화 데레사 성녀의 감사에 대한 글귀와 함께 저의 소식을 적어 보냈습니다. 피정을 마치고 파리에서 TGV를 타고 본당으로 오는 내내 얼마나 많이 피곤했는지, 옆 좌석의 아주머니가 깨워 주실 때까지 아무 생각 없이 잤습니다. 지금 생각하면, 그때 잠시의 꿀잠이 앞으로 제 앞에 펼쳐질 천년처럼 긴 날들이 지나갈 때까지 마지막 휴식이었던 것 같습니다.

사제관에 들어서는 순간, 뭔가 분위기가 심상치 않다는 것을 느꼈습니다. 저를 본 두 분의 신부님께서 안절부절 못하시는 모습을 보고 본당에 무슨 일이 있냐고 여쭈었더니, 피에르 신부님께서 차 한잔하자고 하셨습니다. 피에르 신부님이 가장 아끼는 차를 내오시는 동안 미셸 신부님은 그 아이의 죽음에 관한 소식을 저에게 전해 주셨습니다. 그리고 저에게 미안하다 하시며, 제가 본당에 도착하기 바로 전날 하느님께서 그 아이를 데려가셨다고 하셨습니다.

굳어 버린 제 얼굴을 보시더니, 두 분은 가족들을 이미 방문했지만 제가 원한다면 함께 다시 가 주겠다고 하셨습니다. 곧바로 미쉘 신부님 차를 타고 가며 그 아이의 마지막 순간을 들려주셨습니다. 짙은 장맛비를 품은 검은 먹구름 같은 무겁고도 긴 침묵이 모두에게 흘렀습니다.

그 아이가 하느님 품으로 간 날 아침은 유난히도 날씨가 좋았답니다. 그래서인지 그 아이도 아침부터 기분이 좋아 엄마 아빠에게 어리광을 부리고 얼굴을 비비며, 마치 아프지 않았을 때처럼 정원의 꽃들도 만지고 좋아하는 노래도 찾아 듣고 근래 들어 하지 않던 행동들을 했답니다. 부모는 모르핀의 영향인가 생각하면서도 어쨌든 그 옛날, 아이가 어렸을 때 엄마 아빠에게 했던 행동을 보이기에 무척이나 기뻤고, 잠시나마 예전의 모습으로 돌아가서 잊을 수 없는 행복한 순간을 보냈답니다. 어릴 적 사진들을 함께 보면서 농담도 하고 즐거운 시간을 보내던 중 갑자기 브루노는 쓰러졌고, 호흡이 가빠지면서 의식을 잃기 시작했답니다. 놀란 부모가 아이를 침대에 누이고 병원 구급차를 기다리고 있을 때 아이가 침대 머리맡에 있던 아직 뜯지 않은 카드를 보여 달라고 했답니다. 그 카드는 제가 피정을 갔던 리지외에서 브루노에게 보냈던 것이었습니다. 아이의 엄마가 카드를 읽어 주자 아이는 그 한국 신학생에게 고맙다는 말을 꼭 전해 달라고 했답니다. 그리고 엄마 아빠에게 그동안 고마웠고 미안했다고 그리고 사랑한다고 말하고, 뭐가 그리 다급했는지 잠시 여유도 주지 않고 울고 있는 가족들 품에서 조용히 눈을 감았답니다.

차는 집 앞에 도착했고 눈물 때문에 앞이 보이지 않아 힘들게 힘들게 그 아이가 기다리던 곳으로 갔습니다. 반듯이 누워 있는 아이의 얼굴에는 그 어떤 고통의 흔적도 찾을 수 없었고 그저 잠자는 듯 평온해 보였습니다. 한참 동안을 눈물을 흘리는 것 외에는 아무런 말을 할 수 없었던 저를 위해 가족들과 신부님들은 잠시 자리를 비켜 주었습니다. 그렇게 오랜 기다림 끝에 서로가 만났는데, 이제는 대화할 수도 없었고 그저 바라만 보고 서 있었습니다. 이제는 제가 그 아이에게 대답할 차례인 것 같았습니다. 먼 타국에서 평범치 않은 아주 짧은 삶을 살다가 조용히 하느님 곁으로 간 아이에게 한국말을 건넸습니다.

"반가워, 브루노…."

"그동안 많이 고생했으니 이제 편히 쉬렴…."

"…정말 미안하다."

언젠가 만나면 해 주려고 이런저런 말을 많이 준비했는데, 전혀 생각지도 않은 이 상황에 대해서는 준비해 둔 말이 없었습니다. 마지막 인사말을 마치고 돌아서는데 얼굴 위로 폭포수처럼 쏟아지는 눈물과는 달리 마음은 심하게 얽힌 실타래처럼 더욱 복잡했습니다. 어떻게도 정리가 되지 않았습니다. 제 뒤에는 마지막 인사를 하기 위해 그 아이의 많은 친구들, 친척들, 가족들이 고개를 숙이며 조용히 기다리고 있었습니다. 아마도 한국말로 마지막 인사를 하는 저와 브루노의 짧은 시간을 존중해 주고 있는 듯했습니다.

장례 미사
– 프랑스인들… 그리고 두 명의 한국 사람

신부님들과 다시 성당으로 돌아왔을 때는 저녁이었고, 사제관 앞에는 작은 차 한 대가 주차되어 있었습니다. 그 교구의 교구장 주교님께서 직접 차를 몰고 이미 와 계셨습니다. 다음 날 견진성사가 있어서 사제관에서 주무시면서 본당 신부님들도 만나고 준비하시기 위해서 오셨던 것입니다. 사제관 응접실에서 주교님, 신부님 두 분 그리고 저, 이렇게 모였습니다. 오랜만에 뵌 주교님은 저를 보시더니 아무 말 없이 안아 주셨습니다. 주교님의 오랜 사목 경험과 당신의 연륜 때문이었을까요? 그분의 부드러운 말투, 사제들을 사랑하는 마음이 느껴지는 진심 어린 말씀과 그분의 따스한 제스처들은 무거웠던 사제관 분위기를 한결 가볍게 해 주었습니다.

저녁 식사도 하지 않고 와인 한 병을 앞에 두고 시작한 우리들의 대화는 늦은 밤까지 계속되었습니다. 그런데 갑자기 미셸 신부님이 펑펑 울기 시작했습니다. 한 번도 흐트러진 모습을 보이지 않던 분이셨고, 그분 앞에 있는 모든 사람들을 긴장시키던 그분이 주교님 앞에서 얼굴을 감싸고 어린아이처럼 소리 내어 우셨습니다. 은경축을 훨씬 지난 사제요, 리옹 가톨릭 대학교 대학원장까지 역임하셨던 그런 분이 신학적으로, 신앙적으로 전혀 예상치 못한 질문을 쏟아내며 주교님께 따지듯 묻는 모습에 모두 더욱 당황했습니다.

> 왜 자신을 이곳에 보내셨나, 자신이 무슨 잘못을 했기에 본당 신부로서 이런 고통을 겪어야 하느냐, 주교님은 본당 안에서 수없이 벌어지는 이런 고통스러운 현장을 알고나 계시느냐, 말도 안 되는 이 상황이 이해가 되시느냐, 주교님이 믿고 계시는 하느님은 누구시냐, 내가 알고 고백하던 하느님과 같은 분이신가?

사실 미셸 신부님은 제게 브루노와 그 가족을 소개해 주기 훨씬 오래전부터 그 가족의 특별한 상황을 지켜보며 돌보고 계셨습니다. 그래서 그 누구보다도 그들에게 찾아온 고통을 잘 알고 계셨고, 아이 아빠가 흔들릴 때마다 곁에서 든든한 버팀목이 되어 주던 분이셨습니다. 아이 아빠가 그 상황을 고통스러워할 때마다 오히려 하느님께 믿음을 두도록 신앙 안에서 이런 상황을 이해하도록 도와주던 분이셨습니다. 확신을 가지고 그 가족을 이끌던 모습을 자주 보았던 터라 주교님께 따지듯 묻는 모습은 전혀 예상치 못했습니다. 주교님을 제외한 다른 사람들은 말없이 눈물을 흘렸고 긴 침묵이 흘렀습니다. 그리고 그 긴 침묵의 눈물 속에서 미셸 신부님이 왜 그 가족과 아이를 저에게 소개해 주고 돌보아 주라고 하셨는지 그제야 깨닫게 되었습니다. 제가 그 아이와 같은 나라 출신이었다는 이유도 있었지만, 출신 국가를 떠나 인간적으로 신앙적으로 당신이 느끼시는 것을 저도 알기 원하셨고 당신과 제가 함께 나누어 짊어지고 가기를 원하셨던 것입니다. 침묵을 깨고 주교님께서 미셸 신부님을 감싸 안으시며 대답을 하셨습니다.

"…미안하네."

모두가 내일을 위해 잠자리에 든 시간, 저는 쉽게 잠들지 못했습니다. 무엇인가 아직 끝나지 않은, 그리고 한창 진행되는 과정의 한복판에 있는 듯했습니다.

다음 날 우리는 모두 견진성사를 집전하는 성당에 있었습니다. 성당에 와 있는 1000여 명의 신자들은 모두 기쁨에 흥겨워했고, 일정대로 견진성사가 끝난 후 대상자들과 사진 촬영과 파티가 이어졌습니다. 그들과 함께 있는 동안 주교님과 신부님들 그리고 저는 그 어떤 슬픈 표정도 지을 수 없었고, 아무 일도 없었다는 듯 예정대로 있어야 할 시간과 장소에 있었습니다. 모두에게 기쁨이던 시간이 끝난 후(적어도 저에게는 전쟁과 같은 시간이 끝난 후) 주교님은 우리들을 사제관까지 동반해 주시고 당신은 다시 직접 차를 몰고 가셨습니다. 우리들이 인사를 드려야 함에도 당신께서 오히려 사제관 입구까지 따라오셔서 수고했다고 말씀하시며 사제관 문을 직접 닫아 주셨습니다. 참으로 긴긴 하루가 끝이 났고 모두들 말없이 각자의 숙소로 돌아갔습니다. 씻지도 않고 옷을 입은 그대로 아무 생각 없이 침대에 누워 있다가 조용히 대학원 기숙사로 돌아왔습니다. 본당 견진과 일정으로 장례 미사를 연기했기 때문에 하룻밤만 자고 다시 본당으로 내려가야 했습니다. 본당으로 가기 전 대학원장 신부님은 당신 서재로 저를 부르시더니, 심적으로 힘들면 가지 말고 며칠 쉬라고 조언을 하셨습니다. 하지만 제가 가야만 한다고 말씀드렸더니 다시 한 번 저의 마음을 확인하시고 나서 잘 다녀오라며 어깨를 두드려 주셨습니다.

아침 일찍 다시 본당으로 돌아와서 신부님들과 함께 장례 미사를 했습니다. 그 아이의 가족들, 친지, 학교 친구들, 지역 사람들, 성당 신자들까지 수백 명이 성당 안을 가득 메웠습니다. 입당 성가가 울려 퍼지고 미사가 진행되었습니다. 그날 성당 안에 모인 이들은 인간으로서 표현할 수 없는 모든 것들을 미사라는 제祭 의식을 통해, 아니 제 의식 안에 담아서 올려야만 했습니다. 강론 대신에 그 지역의 전통대로, 잔잔한 반주와 함께 이제는 고인이 된 그 아이가 어떤 삶의 여정을 지나왔는지가 가족에 의해 소개되었습니다. 지쳐 쓰러진 아이의 엄마 대신, 아빠가 용기를 내어 탄생과 프랑스로의 입양, 가족과의 추억들, 투병 생활, 그리고 그 과정 안에서 있었던 이야기들을 담담히 풀어내는 동안 모두 숙연해졌습니다. 다음 단계로 성찬의 전례가 이어졌고 미사를 마치기 전 잠시 침묵 중에 모두 자리에 앉았습니다. 300년이 넘은 이 성 줄리엔 성당은 이미 이곳을 지나간 수많은 사람들의 사연들처럼 그날의 이 이야기도 담아내려는 듯 조용히 침묵으로 함께해 주었습니다.

프랑스인들로 가득 찬 그 성당 안에는 단지 두 명의 한국 사람만이 그들 사이에서 미사를 드리고 있었습니다. 그 한 명은 제대 앞 관 속에 누워 있는 브루노라는 한국 입양아였고, 또 다른 한 명은 제대 옆에서 미사를 봉헌하고 있는 저였습니다.

그 아이가 아프기 시작하면서 자주 했던 이야기가 '외롭다'라는 말이었다고 합니다. 이제 겨우 세상을 열여섯 해밖에 살지 못했던 아이가 '외롭다'라니⋯ 얼마나 힘들었으면 그 많고 많은 단어 중에 자신의 마음을 표현할 수 있는 말이 그 말밖에 없었을까! 성당 안에 있던 모든 이가 그 아이에게 미안한 마음으로 앉아 있었고, 저 또한 고개를 들 수가 없었습니다. 하지만 용기를 내어서 그 아이의 영정 사진을 바라보았습니다.

장례 미사 안에서만 있는 '고별식'이 진행되고, 분향을 하는 차례가 되자, 두 분의 신부님들께서는 저에게 향로를 넘겨주셨습니다. 그리고 말없이 제 양 옆에서 보조를 하셨습니다. 성당 안의 모든 프랑스 신자들이 고별식을 엄숙하게 지켜보고 있는 상황에서 신부님들과 함께 영정과 관을 향해서 깊은 절을 하였습니다. 이미 고인이 된 이에게 고개 숙여 인사를 하는 동양의 장례 문화가 그들에게는 생소했겠지만, 그들 또한 마음으로 함께하고 있음을 느낄 수 있었습니다. 성수를 뿌리고 정성스럽게 분향을 하고, 마지막으로 유가족에게서 전달받은 꽃 한 송이를 관 위에 올려놓았습니다.

브루노 그 아이가 이 세상을 떠나는 마지막 순간 더 이상 외롭지 않게 같은 한국 사람에게 배웅을 받고 떠나라고 정성껏 고별식을 진행했습니다.

그날의 수고는 그날로 족하다.
하지만… 감당할 수 없었던 시간들…

　장례 미사를 마치고 사제관으로 돌아온 이후 제 머릿속은 하얀 백지장이 되어 버렸습니다. 간단히 짐을 꾸려서 그날 오후 바로 기숙사로 돌아온 것만 기억합니다.

　소식을 들으셨는지 대학원장 신부님이 기숙사 입구에서 저를 기다리고 계셨습니다. 저녁 식사를 하는 동안에는 동료들이 일부러 저의 테이블 쪽으로 와서 말을 걸고, 저를 정신없게 했던 것 같습니다. 그런데 아무것도 생각이 나지 않았습니다. 그때 제가 무슨 말을 했는지, 무엇을 먹었는지, 지금도 아무것도 기억이 나지 않습니다. 저녁에 방으로 돌아와서 이것저것 정리하고 잠자리에 누웠는데 몸은 피곤해도 잠은 오지 않았습니다.

이 모든 일이 불과 며칠 사이에 일어났습니다. 이제 다 끝난 것 같은데도, 제 안에서는 그 무언가가 폭발 직전처럼 여전히 진행 중이었습니다. 누웠다 앉았다를 반복하며 물끄러미 방 한가운데 있는 십자가를 바라보다가 옷을 주섬주섬 챙겨 입고 성당으로 내려갔습니다. 그리고 제가 늘 앉던 성당 의자에 한참을 앉아 있다가 저도 모르게 제대 앞으로 가서 무릎을 꿇고 엎드렸습니다.

어둠이 쌓인 성당 안에는 희미한 달빛과 빨간 감실 등만이 저를 지키고 있었습니다. 엎드려서 한참을 울었습니다. 무엇인가 말을 하고 싶었지만, 아무 말도 나오지 않았습니다. 이미 제가 말을 하기 전에 그분은 다 알고 계시겠지만 제 마음도 아실까 의심이 들었습니다. 의심이 들자 갑자기 원망의 소리가 제대를 향해서 쏟아져 나오기 시작했습니다.

> 지금 벌어졌던 일들이 무엇인지 설명을 해 주십시오. 아둔하고 미련한 저로서는 도대체 이해가 안 됩니다. 감당할 능력도, 받아들일 준비도 덜 되었는데 갑자기 이런 일을 겪게 하시면, 도대체 제가 무엇을 하길 바라신 겁니

까? 제가 해야 할 일이 무엇입니까? 아직도 제가 지나가야 할 다음 터널이 남아 있는 겁니까? 그렇다면, 마음의 준비나 할 수 있게 미리 알려나 주십시오. 하느님은 항상 제 곁에 계시는 걸 느끼게 해 주셨습니다. 그런데 지금은 저 혼자 있는 것 같습니다. 수많은 프랑스인들 속에서 무엇인가를 설명해 주어야 하는 저는 이방인이 되었습니다. 이제는 제가 외롭습니다.

평범한 성장 과정과 학창 시절, 양성 과정과 유학 시절, 이 모든 것이 유별나지 않았고 그저 평범했던 제게 한 번도 경험해 보지 않은 일들이 그것도 며칠 사이에 순식간에 일어났습니다. 그래서 이 사건의 시작을 어디서부터 찾아야 하는지, 어떻게 풀어 가야 하는지… 알 수 없는 이 낯선 상황이 당황스러움을 넘어 저를 혼란에 빠지게 했습니다.

며칠간 굳게 닫혀 있던 제 말문은 그날 새벽 내내 아무도 없는 성당 제대 앞에서 혼자 엎드려서 울고 소리치고 그러다 제대를 바라보며 잠들고, 또다시 깨어나기를 수없이 반복하며 몸과 마음이 하고 싶은 대로 움직였습니다.

제 마음속에 있는 출처를 알 수 없는 분노와 슬픔, 외로움, 후회, 불안함, 그리고 홀로 남겨진 듯한 외로움은 어떻게 말로 표현할 수 없을 정도로 깊었고 이제는 참지 않고 다 쏟아 내었습니다. 그리고는 동틀 녘에 깨어 숙소로 와서 하루 종일 잠을 잤던 것 같습니다. 다음 날도 여전히 잠을 잤습니다. 기도도 식사도 하지 않았고 그저 깊은 잠만 잤습니다. 그런데 아무도 저를 방해하지 않았습니다. 동료들은 제가 깰까 봐 제 방 주변을 지나더라도 모두들 조용히 지나가 주었습니다. 성당 안 제 기도 자리는 동료들이 지켜 주고, 매주 필요한 성가 연습 페이퍼도 그 옆자리에 반듯이 보관해 주었습니다. 지금 생각해도 그때 그 동료들에게 미안한 마음과 깊은 고마움을 느낍니다.

긴 이야기,
다시 그 자리로…

 며칠을 이렇게 앓고 일어난 주말에 미리 미쉘 신부님과 피에르 신부님께 전화를 드리고 본당으로 다시 내려갔습니다. 사제관으로 힘없이 들어서는데 왠지 모를 침묵이 또다시 흐르고 있었습니다. 그런 분위기에 이제는 익숙해져서 놀라지도 않고 덤덤히 들어서며 식당 안을 바라본 순간, 눈물이 핑 돌았습니다. 미쉘 신부님과 피에르 신부님이 식사를 하기 위해 저를 기다리면서 서 계셨고, 테이블 위에는 프랑스인들의 주식인 빵과 포도주, 치즈며, 샐러드 등의 프랑스식 요리 접시가 아니라, 쌀밥과 통조림 김치 그리고 몇 가지 한국 반찬이 놓여 있었습니다. 물론 수저 세트는 없고 포크 나이프만 있었지만… 제가 오는 시간에 맞추어서 두 분께서 직접 한국식으로 밥을 해 놓고 기다리신 것입니다. 평소에 쌀밥은 좋아하시지도 않고 김치도 못 드시는 분들이 구하기도 힘든 한국 반찬을 어디서 마련하셨는지 또 밥도 못하시는 분들이 어떻게 하셨는지 모르겠지만, 식탁 위에 차려진 음식들은 그분들이 저를 위해 준비해 놓은 마음의 만찬이었습니다. 식사를 하는 동안 신부님께서 직접 밥을 덜어서 제게 주실 때마다 울컥한 마음이 올라왔습니다. 제게 밥을 덜어 주셔서 당신들 식사량이 부족해서였을까? 아니면 당신들 음식을 드시고 싶어서였을까? 이런저런 대화를 나누면서 식사를 하는 동안 두 분은 번갈아 가며 냉장고에서 하나씩하나씩 음식을 꺼내 식탁 위에 놓으셨습니다. 그러다 보니 어느 새 빵, 포도주, 치즈, 게다가 식복사 자매님이 혹시나 해서 만들어 두었던 요리까지 놓여, 결국 한국식과 프랑스식 식탁이 동시에 차려졌습니다. 참으로 오랜만에 음식 맛을 느끼며 셋이서 함께한 식사였습니다.

식사 후 함께 산책을 하고, 저녁 미사가 없는 날이면 늘 하던 대로 사제관 한편에 마련된 소성당에서 저녁 기도를 드리기 위해 각자의 성무일도를 가지고 모였습니다.

언제나처럼 익숙하게 피에르 신부님은 촛불을 밝히시고, 미쉘 신부님은 저녁 기도 역할을 소개하셨습니다. 선창 및 찬미가는 미쉘 신부님 당신, 후렴과 독서는 저, 청원 기도는 피에르 신부님 등등⋯.

늘 하던 그대로였습니다. 며칠 동안 모두에게 감당하기 힘든 일들이 일어났었고, 서로를 돌보고 챙겨 줄 여유가 없을 정도로 힘들었기에 이어지지 않았을 뿐이었습니다. 우리 인간보다 훨씬 넓고 크신 하느님은 모든 것을 이해해 주실 것이라 여기며 저녁 기도를 올렸습니다. 각자의 마음속에는 하느님에 대한 원망도 질문도 없었고, 그저 하느님을 향한 찬미와 감사, 평화를 구하는 저녁 기도만이 있었습니다. 미쉘 신부님께서 주교님께 따지듯 던졌던 질문에 대해서도, 새벽녘 제대 앞에서 제가 하느님께 드렸던 울부짖는 원망에 대해서도, 그 어떤 대답도 듣지 못했지만, 다시 그 자리에 우리는 모였고 그 자리를 묵묵히 지켰습니다. 굳이 말하지 않아도 각자의 마음속에는 열여섯 살 브루노의 세상과의 마지막 화해의 모습, 며칠 동안 진행된 모든 과정 중에 보여 준 서로 간에 진솔한 마음들을 앞으로 오랫동안 간직하게 될 것이란 확신이 들었습니다. 그리고 하느님은 모든 것을 감싸 안고 계신다는 것을 온몸으로 느꼈습니다. 그렇게 짧다면 짧은, 그러나 영원히 잊을 수 없는 일이 지나갔습니다. 그리고 그 이듬해, 사제관에서 말없이 저를 안아 주셨던 그 주교님께서 저의 부제서품을 주례해 주셨습니다.

 꽃은 필 때도 아프지만, 질 때도 아프다고 했던가요? 아마도 다시 피기 위해서 거쳐야 하는 아픔이란 걸 알았다면 필 때도 질 때도 모두 아름답다 말할 수 있을 것입니다.

 고즈넉한 성 줄리엔 성당을 가만히 떠올려 봅니다. 300년이라는 긴 세월 동안 건축되었고, 그 시간 동안 그곳을 거쳐 간 수많은 인간들의 사연을 품어 안은 곳이었습니다. 생명이 탄생되어 하느님께 봉헌되는 곳이고, 새로운 가족이 맺어지는 현장이요, 매일, 매주 성체를 통해 확인되는 수많은 사랑과 용서, 자비의 기적이 베풀어지는 곳이었습니다.

 한 세상 부대끼며 열심히 살았다 자부했지만, 마치 한 번도 살아 보지 못한 것처럼 허무하게 살다 간 수많은 영혼들도 아무 말 없이 품어 준 곳이기도 했습니다. 한꺼번에 비추는 태양에 눈이 부셔 마음을 뺏기는 어지러운 바깥과는 달리 필요한 곳에만 적절하게 빛을 분산시켜 어둠과 빛을 구별하도록 해 주었던 그곳이 그리워집니다.

우리는 우리에게 다가오는 수많은 삶의 현상들이 왜 일어나는지 알지 못합니다. 때론 그 원인을 찾으려 과거와 현재의 페이지를 돌려보기도 하고, 때론 하늘을 탓해 보기도 하지만 결국에 우리는 알아내지 못합니다. 그래서 모든 것을 절대자에게 맡길 수밖에 없음을 다시 고백하며 살아가기를 바라는 것 같습니다. 앞으로도 인생의 길을 걸으며 여전히 수많은 삶의 질문들을 하겠지만, 그때마다 질문을 던지는 우리들이 오히려 충분한 시련을 겪고 있다는 것을 하느님께서 모르실 리가 없습니다. 하느님께서는 모든 것 안에서 당신이 어떻게 찾아지고, 당신 안에서 그 모든 것들이 어떻게 새롭게 발견되는지 알려 주실 것입니다. 또한 한 사람 한 사람을 위해 세우신 계획이 어떻게 이루어지는지도 인간의 시간이 아닌 하느님 당신의 시간 안에서 알려 주실 것입니다. 다만 지금 순간에만 머물지 않기를 바라실 것입니다. 왜냐하면 하느님께서 우리와 동행하는 것을 멈추지 않으시기 때문입니다.

  이렇게 아주 짧은 시간 동안 긴 이야기가 하나 있었습니다. 그리고 다시 그들의 자리로 돌아왔습니다. 하느님과 함께 시작했고 함께 걸어갔던 여정, 아직 끝나지 않은 여정의 그 자리… 이 모든 시간을 함께한 이들의 마음속에 무언가를 남긴 채 다시 제자리로 돌아왔습니다.

2.

Les dix Commandements(십계)

Les dix Commandements
(십계)

 프랑스 3대 뮤지컬 중 하나인 'Les dix Commande-ments'(십계)를 뮤지컬에 문외한인 제가 아주 감동 깊게 본 적이 있습니다.

 한국을 떠나 프랑스로 온 이후로 잠시도 쉬어 본 적 없이 매일을 긴장 속에서 정신없이 달려왔고, 대학원 2년 차가 끝날 쯤에는 떠나올 때의 처음 마음과 달리 체력은 이미 바닥 나 있었습니다. 그동안의 '나'를 버티게 했던 마지막 내적 에너지조차 소진되어 감을 느끼며 터벅터벅 숙소로 돌아오던 어느 날 밤, 우연히 벽에 붙은 '십계'라는 제목의 홍보물을 보았습니다. 갈까 말까 며칠째 주저하는 저를 보고 마르세유에서 온 한 동기가 열정적인 남프랑스인답게 주저함 없이 공연장으로 저를 데리고 함께 가 주었습니다.

  모세 오경 이야기의 하이라이트 부분인 이집트 탈출 과정을 다룬 뮤지컬은 보는 이들의 내면 상태를 다이내믹하게 이끌어 내었던 대단한 작품이었습니다. 뮤지컬 내내 연륜 있는 배우들에 의해 소개된 노래들은 지금까지 무심코 지나쳤던 성경 안의 이야기들을 다시 한 번 생각하도록 했습니다. 이집트 노예 생활의 고통, 그럼에도 육체적으로 편안함에 만족하는 것으로 전락해 버린 하느님 백성, 반면 하나씩 진행되는 하늘의 음성과 믿을 수 없는 기적의 진행… 처음에는 관객의 관점으로만 바라보다가 어느새 그 기적의 현장 앞에 서야 했던 주인공 백성이 되어 있었습니다.

  거대한 규모의 거센 홍해 바다, 고대 이집트에 온 듯한 착각을 일으킬 정도로 숨 가쁜 무대가 이어지고, 람세스와 모세의 갈등으로 절정을 이루는가 싶더니, 이제는 무대의 중심이 백성들의 내적 동선을 쫓아갑니다.

  이집트 탈출과 홍해의 기적을 통해 하느님을 직접 체

험한 히브리인들, 지치고 힘든 몸을 이끌고 한 고비를 넘기고 이제 한숨을 돌리는 그들 앞에는 더 큰 홍해가 기다리고 있었습니다. 그것은 바로 그들의 내적 타락이었습니다.

우리가 잘 아는 것처럼, 40일간의 기도를 하러 떠난 모세를 잊고 히브리인들은 언제 그랬냐는 듯, 다시 타락과 의심의 나날들을 보내게 됩니다. 아주 잠시, 한숨만 돌릴 정도의 안정과 여유가 주어졌을 뿐인데, 그들은 하늘에서 내려온 만나가 아니라, 인간이 재주껏 요리한 빵을 그리고 노예 생활 중 그들을 현혹하기 위해 미끼로 사용된 이집트 고기와, 노동에 지친 몸을 눕힐 잠자리만을 그리워합니다.

모세를 따르던 눈과 손은, 그들을 만족시켜 줄 우상을 만드는 데 사용되고, 그들의 눈앞에 펼쳐졌던 하늘의 기적은 기억의 저편으로 사라졌습니다. 그들은 어느새 자신들이 누구인지 잊어버리고 맙니다. 그래서일까? 모세의 인간적 허탈감과 인간적 고뇌는 더욱더 쓸쓸해 보였습니다.

그럼에도 모세는 산에서 내려와 십계명을 보여 주고,

하나씩 설명해 줍니다. 모세는 그들의 배반을 보면서도 여전히 다음 단계로 야훼의 계획을 진행시킵니다. 이집트 탈출과 홍해의 기적, 그 뒤에 또다시 건너야 하는 더 큰 내적 홍해… 그리고 멈추지 않고 계속 진행되는 그분의 거룩한 계획, 그것은 'l'envie d'aimer' 즉 당신 백성을 향한 사랑의 열망이었습니다.

수천 년 동안 반복되고 연속된 하느님과 인간의 역사 안에서 히브리인들은 이제 우리 자신이 됩니다. 그 역사 안에서 그분의 사랑은 우리와 달리 한결같았고, 그분은 우리를 향해 항상 인내하셨습니다. 그래서 그분의 인내를 '거룩한 인내'라고 말하는 것입니다.

이야기의 절정에 이르러, 모세와 람세스가 서로를 마주 보면서 노래하는 장면이 나옵니다.

"이제 우리는 영원히 서로 반쪽으로 남겠지만… 사랑은 앞으로도 언제나 우리의 반쪽으로 남아 있을 것이라니…."

뮤지컬 흐름상 이 대화가 각색되고 생성되었겠지만, 역사적 사건을 이해하고 받아들이는 데 전혀 방해가 되지 않았습니다. 그들에 의해 노래된 그 '반쪽'이라는 것은 그저 단순히 두 사람의 인간적인 갈등과 대립만을 뜻하는 것 같지 않습니다. 반쪽을 풀어 나가는 방식으로, 그리고 그 반쪽의 빈자리에 대한 그리움으로 남겨 둔 '사랑' 또한 단순한 의미로만 받아들여지지는 않았습니다. 사실 반쪽의 빈자리인 이별, 그리고 어떤 형태의 갈등보다 더 중요한 것은 우리 모두가 그 빈자리를 어떻게, 무엇으로 채워 나가느냐 하는 것입니다.

인간의 삶은 시간이 지날수록 반쪽임을 느낍니다. '현실의 나'와 '본연의 내 모습'이 하나로 살지 못하고 있음을 알아차릴 때부터 그 반쪽의 의미가 이해되기 시작합니다.

부활 이전, 우리를 위해 드리셨던 예수님의 간절한 기도를 기억합니다. '하나가 되게 해 주십시오. 서로가 하나 되고, 하느님과 하나 되게 해 주십시오.'

돌이켜 보면, 하느님은 우리 삶 내내 우리의 마음을 가져가시고, 당신과 하나가 되게 하기 위해서 우리 곁에 머무르셨습니다. 그리고 누구든지 자신이 반쪽임에 눈 뜰 때 지극히 이성적인 사람도 울게 만드시고, 그토록 강인

한 사람도 촛불 하나에 무릎 꿇게 만드십니다. 나머지 반쪽을 채워 주시려고 그런 것입니다. 의미 없이 분주한 생활 속에 묻혀 자신의 모습을 잠재우며 살아가고 있지만, 하느님께서는 늘 우리들에게 자신이 누구인지 알려 주시고 비어 있는 빈자리에 반드시 그 무엇인가를 채워 주십니다. 지난 시간, 히브리인들의 죄에도 불구하고 십계 판을 내려 주시며 멈추지 않으셨듯이 우리의 부끄러웠던 모습들에 대해 부족하다, 잘못했다 탓하지 않으시고, 우리들 또한 다음 또 다음 단계로 진행시키시며 여전히 기다리십니다. 그래서 그분을 항상 다른 분, '거룩하신 분'이라고 고백할 수 있었습니다.

성경의 모세 오경을 다시 펼쳤습니다. 지금까지 너무나 잘 알고 있다고 착각하고 지나쳤던 성경 구절들을 천천히 읽어 내려갔습니다. 이제까지는 관객이었기에 성경을 읽는 내내 한결같았던 숨소리가 이제는 그분의 백성이 되어 때론 거칠어지고 감탄하며, 가끔은 그 소리마저도 죽여 가며 다음 장면을 기다리고 있음을 스스로 느낍니다. 과거의 모든 시간들이 현재로 이어 오고, 모든 인간의 삶은 한 분의 계획 안에 진행되고 있음을 알게 됩니다. 우리의 삶 속에서 '현실의 내'가 반쪽이었음을 들여다보는 그 순간부터 '나'라는 한 인간의 재창조는 시작될 것입니다. 그리고 그 누군가에게로 '하나 됨'을 향하여 하나씩 채워져 갈 것입니다.

수천 년이 지났어도 우리를 위한 또 다른 홍해의 기적은 계속됩니다. 우리의 반쪽 인생이 진행형이고, 우리의 죄가 진행형이듯 하느님의 사랑은 더 크게 진행 중이십니다. 멈추지 않는 그분의 사랑이 우리 안에서 더 큰 홍해의 기적을 이루시도록 우리 마음을 더 열어 놓아야 함을 느낍니다.

3.

석양 속에 올리는
남자들의 기도 소리

석양 속에 올리는
남자들의 기도 소리

 로마와 그 주변에는 수많은 교황청립 기숙사와 수도회 소속 기숙사가 있습니다. 전 세계 수천 명의 사제들, 수도자들, 평신도들은 이곳에 머물며 교회 학문을 위해 자신들의 대학교와 연구소로 출퇴근을 합니다.

 그리고 교회의 신앙을 위하여 사용될 학문을 하는 동안 각자의 분야에서 처절한 인간적 한계를 느끼며 하느님과 함께하는 학문적 몸부림의 시간들을 갖습니다. 그 과정도 내일을 알 수 없는 엄청난 스트레스를 받는 과정의 연속인데다가 더욱이 소명으로 받은 그 길 자체에 대한 갈등이 더해지면, 더욱 매섭고 가혹한 내적 시련으로 다가옵니다. 그리고 긴 여정을 끝내고 지적 결과물들을 얻게 되면, 이제 또 다른 숙제를 품에 안게 됩니다. 각자의 나라, 교구, 수도회 등 그들이 머물러야 할 삶의 자리로 돌아가 수많은 다양한 역할들을 해내며, 그 결과물들을 개인적 영예로 삼고 싶은 유혹도, 보여 주기 위한 학문적 업적으로의 변질도 뿌리치며 그저 예수님 교회에 오롯이 돌아가도록 그 고유함을 지켜야 합니다.

제가 머물렀던 로마 교황청립 기숙사에는 200여 명의 사제가 함께 생활을 했습니다. 각자의 주교님, 장상으로부터 허락된 시간 안에 학위를 마쳐야 했기에, 교황님께서 계시는 바티칸이 바로 곁임에도 불구하고 광장 행사를 잠자리에 들기 전 TV로만 겨우 볼 수 있었을 만큼 서로 여유가 없었습니다. 하지만 하루 종일 로마 시내 곳곳의 학교, 연구소에서 각자의 자리를 이렇게 치열하게 지키다가도 해가 저물고 눈부시게 아름다운 석양이 눈에 들어올 때쯤이면 모두들 어김없이 발길을 돌리는 곳이 있습니다. 바로 그곳 숙소 안 대성당입니다.

어둠이 시작되는 그 시간, 그곳에는 스테인드글라스 창문을 통해 비추는 빛만이 성당 안 제대를 비추고 있습니다. 하나둘씩 지친 몸을 이끌고 모여든 큰 성당 안에는 깊은 침묵이 흐르고, 저녁 기도서를 준비하는 책장 넘기는 소리가 여기저기서 끝나갈 때쯤 성당 뒤편에서는 둔탁하고 단순한 나무 종이 울립니다. 곧 사라질 석양빛에 비추어진 십자가를 향해 모두 천천히 몸을 일으키고 묵직하고 컬컬한 사제들의 목소리만이 하느님을 향한 기도를 만들어 냅니다.

본당에 있었을 때는 화려한 성가대의 도움을 받으며 미사를 봉헌하는 중심에 있었지만, 이곳에서는 그분께서 주신 목소리만을 낼 수 있는 그저 하느님의 창조물로 서 있게 됩니다. 저음은 저음대로, 고음은 고음대로 화음을 맞추기 위해 노력하는 기도 소리를 가만히 듣다 보면 여기에 또한 하느님의 신비가 있음을 발견하게 됩니다. 목소리가 너무 튀는 신부님이 있는가 하면 그 목소리를 조용히 감싸 안는 목소리의 신부님도 있습니다. 피부색이 다르고, 언어도 다른 200여 명의 신부님들이 내는 기도의 하모니는 그 순간 그 어떤 악기보다도 정말 아름다웠습니다.

솔직히 한 해를 시작하는 몇 주간은 서로가 힘이 듭니다. 학위를 끝내고 돌아가는 그 빈자리에는 늘 새로운 신부님들로 채워지고, 그러다 보면 서로를 위해 다시 적응하고 이해하는 기간이 필요하기 때문입니다. 하지만 시간이 지날수록 하나의 목소리가 되어 갑니다. 아니 정확히 말하자면 목소리는 그대로지만 마음이 하나가 되는 것입니다. 찬미가와 시편을 읽는 목소리가 일정해지고, 후렴은 놀라울 정도로 규칙적이게 됩니다. 어느덧 다음 기도문을 위해 중간중간 숨을 가다듬는 순간까지 하나가 됨을 느끼게 됩니다. 그래서 감미로운 바이올린이나 화려한 피아노 반주는 없을지라도 그곳에 사는 사제들, 아니 하느님의 창조물인 남자들은 누가 강요하지 않아도 그 시간이 되면 기숙사 대성당을 향해 발걸음을 향합니다.

그들은 그렇게 기도를 드립니다. 그리고 그 기도 안에서 하느님께서 우리를 기억하시듯 우리 또한 그분을 기억하고 그분의 창조에 감사를 드립니다. 점점 그 맛에 길들여져 갈 때쯤이면 아무것도 가질 수 없는, 아니 아무것도 소유하지 않는 인간의 소리가 얼마나 아름다운지 알게 됩니다. 어느 성가대보다 아름답고 본당에서는 절대 체험할 수 없는 거룩한 순간입니다.

때로 그분을 향한 감사의 시편 구절이 나올 때면, 기도에 집중하고 있는 사제들의 목소리는 떨려옵니다. 저물어 가는 석양과 더불어 하루를 마감하는 시간, 하루의 세상에서 묻었던 때와 먼지를 씻어 버리고 그분께 나아가는 시간, 때론 세상의 때와 먼지마저도 그분께서 씻겨 주시도록 모든 것을 내어 드리는 시간임을 온몸으로 고백하는 것입니다.

이렇게 그들은 이 시간을 통해 매일 밤 위로를 받습니다. 그 찬미의 시간이 끝나면 하느님은 각자의 마음속에 평화를 선물해 주십니다. 하루 동안에 정리되지 못했던 수많은 감정과 인간의 일들, 그들의 마음을 흩트려 놓았던 수많은 세상의 풀지 못하는 이유들은 그분과의 기도 안에서 제자리를 찾아갑니다.

모든 인간들은 이렇게 잃어버린 길을 다시 찾습니다. 우리 앞에 놓인 크고 작은 삶의 목표들, 그것이 무엇이었든지 그 안에서 오는 긴장감 속에 어떻게 풀어 가야 할지 기도하며 살겠지만, 여유라는 하느님의 시간을 빼앗겨서 조급함이라는 시험에 들지 않도록 조심하며 살기로 다짐합니다. 내 뜻이 커지는 기도가 정작 하느님의 큰 뜻을 저버리게 함을 깨닫고, 다시 겸손을 청하게 됩니다.

모든 것은 결국 하느님 안에서 제자리를 찾게 되어 있습니다. 하느님 안에서 찾아지지 않으면 인간의 크고 작은 모든 날갯짓은 아무 쓸모없는 메아리일 뿐이기 때문입니다. 매일 밤 그런 저녁 기도의 기억이 오늘도 성당으로 발걸음을 옮기게 합니다.

4.

나의 첫사랑 마냐니타

나의 첫사랑
마냐니타

'사제에게 첫 본당은 첫사랑과 같다.'고 합니다. 저의 첫사랑이던 본당은 아주 조그마한 시골 성당이었습니다. 늘 꿈꾸어 왔던 참으로 소박하고 아름다운 곳이었습니다. 낮은 언덕 위에 자리 잡은 성당 마당에서는 해 질 녘이면 아름다운 석양을 바라볼 수 있었고, 성당 바로 아래 있는 마을 회관에서 간혹 옛 추억의 노래들이 들려올 때면 흥겨운 그 노랫가락과 더불어 평화로운 붉은 노을이 하루의 노곤함을 씻어 주곤 했습니다. 처음에는 성당 마당에 성가를 틀어 놓을까 생각도 했었지만, 시간이 조금 지나니 저녁 무렵 마을 회관에서 흘러나오는, 소위 뽕짝 가요가 어느 순간부터 자연스럽게 귀에 익어 그냥 즐거이 감상하게 되었습니다. 석양이 지는 모습은 우리 일상의 나날처럼 매일매일 달랐는데, 특히 벼가 무르익는 추수 때가 되면 노란 황금 들녘과 파란 하늘에 붉게 물든 구름, 그리고 빨간 석양이 한데 어우러져 말로 다 표현할 수 없는 멋진 장관이 펼쳐졌습니다. 세상 그 어디에 이런 아름다운 곳이 있을까요? 지금도 성당 마당에서 바라보았던 가을 들판과 노을 진 하늘과 석양이 하나가 되던 장면을 떠올리면 찡하게 코끝을 울리는 감탄사가 저도 모르게 흘러나옵니다.

마을에서, 혹은 들에서 일 끝나고 집에 돌아가는 길에 성당에 들르시는 아낙네들(평균 연령이 70대)도 발걸음을 멈춥니다. 말없이 서서 함께 아름다운 석양을 바라보다가 문득 그분들의 눈동자 속에서 지난날들에 대한 삶의 기쁨과 눈물, 애환 그리고 감사를 발견할 때가 있습니다. 그럴 때면 순간 제 마음속에서 짧은 기도가 저절로 나오곤 했습니다.

'하느님, 저도 이분들의 나이가 되었을 때에, 지난 시간을 침묵의 눈으로 회상하며 저물어 가는 아름다운 노을빛 속에서 감사 기도를 드리게 해 주십시오.'

성당에 도착한 다음 날 아침부터 떠나는 그날까지 매일 감실 앞에 가서 엎드려 기도를 시작했습니다.

> 주님, 이곳은 당신의 집입니다. 저는 불림 받은 종일뿐입니다. 비록 아주 작은 성당이지만, 이곳을 생각하는 모든 이들, 잠시라도 머물다 가는 모든 이들을 돌보아 주십시오. 지상 나그네 길이 끝나는 시간이 저마다 다르겠지만, 세상 모든 곳의 성지에서 빛을 밝히셨듯이, 희미하게나마 이곳에서도 세상을 비추는 빛이 사라지지 않게 해 주소서.

성당의 업무는 고요 속에 홀로 드리는 새벽 기도로 시작했습니다. 그리고 성당 건너편 사무실에서 밀린 업무를 보고 있자면, 아침 일찍 성당에서 기도를 드리고 일터로 향하는 신자들의 뒷모습을 자주 보게 됩니다. 하느님과 함께 하루를 시작하는 일상의 그 모습이 참 아름다웠습니다. 시골이지만 그래도 본당으로서의 구색은 모두 갖추었습니다. 레지오와 꾸리아도 있는 곳이었습니다. 다만 대부분의 레지오 단원들이 70대 안나회 회원이어서, 안

나회가 레지오고, 레지오가 안나회였습니다. 그래서인지 더욱 아름답게 기억됩니다. 젊었을 때 결혼해서 욕심내지 않고 농사지으며 모은 돈으로 자식들 훌륭히 키웠고, 그 삶의 모든 과정을 성당의 시간과 함께 지내온 그들…. 이제는 모두 할머니가 되어서 서로의 장례식 이야기를 하는 것이 놀랄 일도 아닌 그분들의 모습이, 마치 색을 칠하기 전 밑그림을 미리 본 이들이 이해할 수 있는 한 폭의 아름다운 그림이었습니다. 시골에서 그분들은 저에게 많은 것을 보여 주었습니다. 봄이면 직접 캔 냉이로 끓인 된장국과 청국장에 밥을 버무려 먹었고, 모시 잎은 미리 따다가 씻어서 보관해 두었으며, 하지에는 감자를 캤고, 여름이 오기 전에는 모내기를 했으며, 고추·양파·깨 등의 농사를 지으며 온갖 작물들의 특성과 절묘하게 들어맞는 음력 절기와 관련한 농사력의 신비도 가르쳐 주었습니다. 그리고 무엇보다도 이런 자연을 만든 하늘에 겸허히 순명하는 모습을 당신 자신들의 세세한 일상들을 통해서도, 그리고 이제 막 탈곡한 쌀로 밥을 지어 진정한 '밥맛'이 무엇인지도 가르쳐 주었습니다. 그분들과 함께 보낸 시간들을 돌이켜 보니, 제가 그분들을 사목했다기보다 그분들이 사제인 저를 키우고 양육해 주었던 것 같습니다. 그들과 함께할 수 있었음은 지금 생각해도 저에게 크나큰 은총의 시간이었습니다.

어느 날 형제 한 분이 이런 말씀을 했습니다. "신부님, 농사는 절반은 제가 짓고, 절반은 하늘이 짓습니다. 씨앗은 제가 뿌리지만, 열매는 하느님이 만드십니다." 평생 농사만 지어 온 분의 이런 고백은 머리로 암기해서 드리는 기도가 아닌 삶에서 우러나오는 진정한 신앙 고백이었습니다. 햇볕에 까맣게 그을린 얼굴과 인생의 수고를 보여 주는 흰서리가 앉은 머리가 갑자기 빛나 보였습니다. 하느님도 멋지시고, 하느님의 그 사람도 멋져 보였습니다. 그 누구보다도 고집 있게 본인의 삶에 대해 꿋꿋하게 살아온 사람들, 그 사람들을 고개 숙이게 만드신 하느님 그리고 하느님 앞에 고개 숙인 사람들, 모두가 참으로 멋졌습니다.

시간과 함께 하나씩 배워 가면서 그 무엇인가를 느낄 때마다 그동안 자랑스럽게 제 머릿속에 담겨 있던 지식들은 부끄러운 '글자'였음을 알게 되었습니다. 그분들 덕분에 하나씩 그 글자들이 해체되어가고, 마치 성경의 말씀들이 서로를 해석해주며 완성되어가듯, 그동안 쌓아 왔던 모든 지식들의 총체적 연결 속에서 새로운 질서가 자리를 잡아 감을 느꼈습니다. 이곳저곳에서 성경 강의할 때 지식만을 가르쳤던 저의 모습에서 이제는 신앙이 담긴 말씀을 전달하는 사람으로 거듭 태어나기 시작했습니다. 그분들을 사목한다고 했던 저는 오히려 그분들 덕분에 신앙을 배우고 있었습니다.

이 모든 시간이 아직까지도 잠을 자고 있던 저를 깨워서 하느님을 새롭게 체험하게 하는 새벽 마냐니타의 시간이었습니다. 주님 안에서 교만하지 말고 겸손하게 태어나라고, 그래야만 당신이 보인다고….

주님께서 저에게 허락하신 은총의 첫사랑, 마냐니타는 이렇게 시작되었습니다.

5.

내가 봉고차를 운전하는 이유

내가 봉고차를
운전하는 이유

 시골 성당 생활은 겉으로 보기에 평화로운 일상의 반복 같지만 그 안에는 분주함이 있습니다. 새벽 미사가 있는 날이면 새벽 4시부터 시골 본당 신부의 일과도 시작됩니다. 일찍 가서 감실 앞에서 먼저 기도를 드리고 성당 안과 마당에 전등을 밝히고 온풍기도 켜 놓습니다. 겨울에는 할머니들 추우실까 봐 온풍기를 있는 대로 다 가동시킵니다. 성당의 전기세, 기름값 걱정을 늘 하고 살지만, 사제관 보일러는 줄이고 대신에 성당 안은 겨울에는 항상 따뜻하게, 여름에는 항상 시원하게 해야 한다는 제 나름의 원칙이 있습니다. 신자들은 당신들 집에서 전기장판으로 버티고 아껴 모은 돈으로 교무금, 주일 헌금을 내시는데, 그분들이 추위와 더위 속에서 기도하게 해서는 안 되기 때문입니다.

기도가 끝나면 성당 입구 성모상 앞에 그날의 몫으로 작은 컵초 하나를 봉헌하고, 성당 마당으로 잔잔한 성가가 흘러나오게 합니다. 이 작은 성당에는 사무장이 없어 신자분들이 돌아가면서 사무장 역할을 해야 했기에 새벽이면 늘 서너 분이 일찍 옵니다. 성당 사무실에 순번제로 봉사하러 오신 분들을 위해 구수한 커피를 미리 내려놓고, 드디어 직접 봉고차 운전대에 앉아 출발하는 시각이 새벽 5시입니다. 이제 출발입니다. 5개 마을을 차례대로 돌아야 합니다. 새벽 5시! 아직 캄캄할 때이지만 눈이 오나 비가 오나 이미 할머니 신자분들은 각자의 마을 앞 버스 정류소에서 지팡이를 잡고 앉아 계십니다. 당신들도 5시에 나오시려면 적어도 4시경에는 일어나 씻고 아침 기도를 마치셨을 것입니다. 그 모습만 생각하면 그 전날 아무리 힘들어두 직접 모시러 갈 수밖에 없습니다. 다행히 제게 초저녁잠을 많게 하시고 대신에 새벽잠을 없애 주신 하느님께 얼마나 감사한지 모릅니다.

그분들을 태우고 오면서 아침 인사를 건넵니다. 잘 주

무셨는지, 좋은 꿈은 꾸셨는지, 저녁에 춥지는 않았는지, 오늘은 무엇을 할 것인지 등등…. 그리고 다 함께 성가를 부르면서 옵니다. 성당이 가까워지면서 걸어서 오신 신자분들을 또다시 하나둘씩 태우기 시작합니다. 어느새 15인승 봉고차는 가득 찹니다.

봉고차가 성당에 들어올 때쯤이면 꽃전등이 따스하게 어우러진 성당 마당에도, 이미 훈훈해진 성당 안에도 아름다운 성가가 잔잔히 흘러넘치고 있습니다. 그리고 성당 사무실에 봉사하러 먼저 일찍 오신 신자분들이 또한 밝은 모습으로 우리들을 맞이해 줍니다. 이제 모두가 만났습니다. 성당 안에 자신들이 평소 앉는 자리에 앉아 다 함께 묵주 기도를 드립니다. 신자분들이 얼마 되지 않기에 평일 미사 때에는 늘 그분들만의 자리가 있습니다. 그리고 그날의 독서와 복음을 함께 읽으면서 미사를 준비합니다.

오전 10시에 평일 미사가 있는 날과 주 2회 서는 시골 장날이 겹치는 날이면 더 분주합니다. 미사 후 장에 가실 분들, 목욕탕이나 농협 등 읍내에 볼일 보러 가실 분들을 성당 봉고차로 모셔다 드려야 합니다. 혼자 사시는 분들이 많고 교통편이 불편하므로 그분들의 발이 되어 드려야 합니다. 그분들이 젊었을 때부터 이렇듯 성당을 지키셨으니, 이제 사목자가 그분들 곁을 지켜 드려야 합니다. 본당 신부지만 그분들 곁에서 든든한 친구 역할도, 아들 역할도, 때론 이것저것 크고 작은 심부름꾼도 되어 드려야 합니다. 설날에는 기차표도 예매해 드리고 이런저런 고민들도 들어드려야 합니다.

토요일 오전 미사 후에는 다 함께 사무실로 와서 그 전날 만들어 놓은 주보를 접습니다. 간혹 할머니들끼리 주보를 접는 순서에 대한 의견 차이로 말다툼이 일 때도 있지만, 어쨌든 주보 접기가 끝날 때쯤이면 그 다툼도 끝나고 다 함께 자장면을 먹으러 갑니다. 그때는 서로 자장면을 사겠다고 새로운 다툼을 하십니다. 그 모습을 보면 웃음이 절로 납니다. 다시 성당에 돌아오면 오후에 냉이, 달래를 캐러 가시는 분도 있습니다. 본당 신부님 반찬 만들러 가신답니다 사실 제가 무릎 수술 이후에 통증이 자주 있는 편인데 언젠가 신자들 사이에서 그 이야기가 돌았는지, 어느 날에는 사무실에 주변 동네 약국의 약들이 다 쌓였습니다. 당신들이 먹어 본 결과 효과를 본 약들이랍니다. 물론 그중에는 겨울이면 동네 사람들을 현혹해서 판매한 떠돌이 약장수의 정체불명 이름 모를 약들도 많이 있습니다.

봉고차로 모시고 다니면서 더욱더 살가워졌습니다. 다리도 안 좋으신데 어째서 매일 당신들을 위해 봉고차 운행을 하시느냐고… 오지 말라고 하시면서 제 걱정을 많이 하십니다. 하지만 그것도 잠시, 당신들이 저를 기다리시고 행복해 하는 것이 느껴집니다. 가을이면 신자들 집 담장에 차를 대고 잘 익은 감들도 자주 따 먹습니다. 그분들 말씀대로 그 감나무들은 신부님 몫이기에 그 누구의 손도 못 대게 하신답니다.

가끔 운행을 마치고 성당으로 오는 길에 저녁 들녘을 바라다볼 때가 있습니다. 하늘이 주신 땅… 사람을 살리는 땅… 생명을 지속시키는 땅… 그리고 그 생명이 끝나 묻히는 곳, 그 땅을 통해 하느님을 생각하게 됩니다. 이스라엘 역사는 시간과 더불어 공간 특히 땅을 중심으로 이루어졌습니다. 하느님께서는 당신 백성을 약속의 땅으로 인도하시기 위해 그토록 많은 기적을 일으키셨고, 그분이 주신 땅, 그곳에서 백성들은 한생을 숨 쉬고 살아가며 하느님의 백성이 되고, 하느님은 그들의 하느님이 되셨습니다. 땅은 그래서 하느님 사랑의 또 다른 상징이었고, 그것을 이해하고 살아가는 사람들은 자신들과 그 땅이, 의미 없는 황무지에서 '헵시바'가 되고, 처음부터 하느님의 사랑이 머물렀던 곳임을 알게 되는 것입니다. 처음부터 사랑으로 창조되었던 땅, 그리고 다시 헵시바로 재탄생되어야 하는 땅을 운전하며 인간을 향한 하느님의 신비에 감사의 기도를 드립니다.

6.

새벽 장날
따뜻한 베지밀과 김밥 이야기

새벽 장날
따뜻한 베지밀과 김밥 이야기

 시골인지라 본당 신자분의 많은 수가 농사를 지었지만, 주변 장들을 돌아다니며 장내기를 직업으로 가진 분들이 계셨습니다. 그분들은 10일 중에 4일 혹은 5일은 새벽부터 밤까지 장에 가서 생업을 이어 가고, 나머지 요일은 장에 내다 팔 물건을 준비합니다. 그러다 보니 장날이 주일과 겹치게 되면 성당에 올 수 없어 미사에 빠지게 되고, 자주 고해성사를 보셨습니다. 그것도 여의치 않으면 성체를 모시지 못하고 다른 신자들이 성체를 모시러 나갈 때 마치 죄인처럼 고개 숙여 앉아 계시곤 했습니다. 처음 부임해서는 본당 일이 바쁘다는 핑계로 신경을 못 쓰다가, 이래선 안 되겠다 싶어 어느 날부터 새벽 장터마다 직접 방문을 시작했습니다.

추운 겨울 어느 날 새벽 일찍 일어나 식복사 자매님과 김밥을 직접 싸고 그 전날 밥솥에 넣어 두어 따뜻해진 베지밀 두유를 챙겨 들고서, 어둠이 채 가시지 않은 장터로 향했습니다. 그리고 아침 장을 분주히 준비하는 그분들 사이를 지나가면서 조용히 김밥과 따뜻한 두유를 놓고 다니기 시작했습니다.

장터에서 일하시는 분들은 성당에서 보았던 깨끗하고 한껏 차려 입은 모습들이 아니었습니다. 생선과 채소를 다루기 편한, 때 묻은 작업복을 입고 추운 겨울에 손을 녹여 가며 정신없이 장사를 해야 했기에 아침 식사는 거르기 일쑤였습니다. 행여 손님이 없는 틈을 타서 먹는 아점 (아침과 점심 사이에 먹는 식사)도 주변에 손님이 있나 없나 둘러보며 서서 한두 숟갈 뜨는 둥 마는 둥 했고, 그분들의 손은 항상 부르터서 투박하고 까칠했습니다. 그 두 손으로 벌어들인 돈으로 성당 유지를 위해 교무금과 주일 헌금을 내고, 수도 없이 십자 성호를 그으며 그렇게 신앙생활을 해 오신 분들이었습니다. 비록 남들이 보기에는 남루한 작업복에 거친 얼굴이지만, 그분들도 그 누군가에게는 사랑하는 부모이고 하느님께는 소중한 당신의 사람들이었습니다. 제가 얼굴을 꽁꽁 숨기고 다녔기에 처음에는 베지밀과 김밥을 누가 잊어버리고 간 것이라고 생각해서 찾으러 다니셨답니다. 그러던 중 차차 알게 되자, 성당에 오실 때마다 감동의 눈길로 제 두 손을 꼭 잡아 주셨습니다. 나중에 어떻게 아셨냐고 물었더니 제 걸음걸이를 보고 알았다고 합니다. 마치 사람과 사람이 서로 친해지면 저 멀리서 걸어오는 모습만 보아도 금방 누군지 알아차리는 것처럼, 그분들과 저는 서로의 걷는 모습만으로도 알아보는 사이가 되어 있었습니다.

하느님이시라면 그분들이 주일에 성당에 못 오는 상황을 단죄하실까 하는 생각이 들었습니다. 그분들이 평생 고백하고 모셔 왔던 하느님과 제가 고백하는 하느님은 같은 분이십니다. 마음은 있으나 올 수 없는 상황인 그분들을 위해 하느님께서는 이제 사제인 저를 움직여 찾아가게 하신 것입니다. 장터에서 생업을 하는 그분들에게 제가 전해 드려야 할 것은 단죄와 의무 부여가 아니라, 오히려 하느님의 가늠할 수 없는 사랑과 자비였습니다. 더불어 그동안 본당신부로서 더 챙기지 못했던 것에 대해 미안함을 전했습니다. 그 시간들 덕분이었을까요? 이제 데운 두유는 어떻게 해야 따뜻하게 오래 유지되는지, 김밥은 어떻게 만들어야 더 먹기 좋고 더 맛있는지 자신이 있습니다.

시골 장터를 오가는 시간들을 통해서 저에게 부족한 것들이 하나씩 보이기 시작했습니다. 그 언젠가 들었던 '사목은 일이 아니다.'라는 말씀이 다시금 마음에 새겨졌습니다.
사목이 예수님이 세우신 교회의 본질적 사명에서 나오는 '모든 인간 구원의 봉사'를 위한 성사라 한다면, 제가 주의하고 버려야 할 것은 어느 순간부터 저에게도 시작된 성직자로서, 목자로서의 '관료주의'였습니다. 교회 공동체 안에서 교계 제도의 조직적 특성이 교회의 존립 이유와 그 본뜻을 넘어선다면 목자는 본당 안에서 관료주의에 젖어 어느 순간 관리자로 전락하고 맙니다. 사목자가 예수님의 사랑의 마음, 당신의 성심으로 양들을 이끌 수 없다면 사목은 일이 되고, 그 일은 결국 영혼 없는 인간의 몸짓에 불과합니다.
감실 앞에서 곰곰이 주님의 일꾼인 사제로서의 제 모

습에 대해 마음을 열어 놓고 들여다보았습니다. 어느 순간부터 저는 제 자신을 관리자가 되도록 내버려 두었고, 그래서 저의 사목 생활도 영혼 없는 관료주의에 머물러 있었음을 깨달았습니다. 얼굴이 화끈거리고 말할 수 없이 부끄러워졌습니다.

그즈음부터 저는 성당 청소를 시작했습니다. 그동안의 크고 작은 일상들을 통해서 교만함과 완고함으로 닫혀 있던 제 마음을 열어 주심에 감사드리는 마음으로 시작하였습니다. "돌로 된 마음을 치우고, 살로 된 마음"(에제 36,26)을 당신께서 나에게 넣어 주셨구나! 다시 태어나려면 제가 먼저 회개하고 반성해야 했습니다. 성당에 올라가는 계단 하나하나를 청소할 때는 그동안의 저의 수많은 큰 죄들과 신자들의 작은 죄를 씻어 내는 마음으로 먼지를 털어 내고 씻어 냈습니다. 하느님께서 그들을 변화시키신 것 같았지만, 사실은 저를 회심시키며 제게 다가오셨습니다. 그러고 나니 주일마다 성당 문을 열고 오시는 신자들의 잘 차려 입은 옷과 화장한 얼굴 속에서 그분들의 삶의 무게와 애환, 그리고 그분들이 성당이라는 곳에 와서 하느님을 만나고 의지하고 싶어 하는 마음들이 조금씩 조금씩 보이기 시작했습니다. 더 이상 예전의 교만한 모습으로 그들을 대해서도 안 되고, 그들이 오기만을 기다려서도 안 되었습니다. 이제는 제가 직접 찾아 나서고 제가 먼저 반갑게 다가가도록 그분께서는 만드셨습니다.

그런 변화가 있고 얼마 후인 제 축일에 90세 할머니 신자 한 분이 축일 선물로 감기약과 빨간 고무장갑 3켤레를 선물해 주셨습니다. 성당과 화장실 청소할 때 감기 걸리지 말고 맨손으로 하지 말라고 주신 것입니다. 선물을 주시고 돌아서시는 그분의 뒷모습에서 저의 모습을 발견할 수 있었습니다. 만일 제가 다른 취미 생활이나 그 어떤 세속적 재미에 빠져 있었다면 그것에 맞는 선물을 주셨을 텐데, 그분 눈에 저에게 가장 필요한 것이 고무장갑이라고 여기셨으니 그것이 지금의 제 모습일 테지요.

그날 저녁 홀로 남겨진 성당에서 유학 시절 힘들고 외로울 때마다 불었던 손때 묻은 플루트를 오랜만에 꺼내 들었습니다. 석양이 비추고 있는 제대 앞에 서서 플루트 음의 성가와 함께 기도를 봉헌했습니다. "하느님, 감사합니다. 성당 청소지기로 불러 주셔서 감사하고 맑은 영혼의 건강함을 되찾아 주셔서 감사합니다."

7。

돌침대보다 더 좋은 침대

돌침대보다
더 좋은 침대

　무릎 수술 이후 수술한 다리 쪽을 아끼다 보니, 점점 반대편 무릎도 통증이 시작되고 허리도 점점 안 좋아졌습니다. 젊은 신부가 할머니보다 관절이 더 안 좋아 비만 오면 통증 때문에 절뚝거리는 것을 보고 신자분들의 걱정이 이만저만이 아니었습니다. 그래서 신자분들이 사제관에 돌침대를 구입해서 놓기로 했답니다. 돈도 모아졌고 이제 제 결정만 기다리고 있었습니다. 물론 성당 비품으로 놓을 예정이고 저 다음에 오는 신부님들도 사용하시겠지만 왠지 마음이 내키지 않았습니다. 당신들은 전기장판으로 사시면서 젊은 저를 위해 돌침대를 구입하신다는 게 여간 마음이 편치가 않았습니다. 차일피일 미루면서 시간을 보내는데 신자분들은 만날 때마다 그 이야기를 했습니다. 그러던 중 나이 드신 농사꾼 형제님의 병환이 위급해져 병자성사를 주러 가게 되었습니다. 예식이 끝난 후 가족들로부터 이 조그마한 성당이 있기까지 많은 형제자매들이 얼마나 고생하며 성당을 일구었는지 전해 듣게 되었습니다. 지금은 전부 노인이 되셨지만 오직 성당이 생기게 된다는 희망으로 농번기 그 바쁠 때에도 경운기와 리어카에 돌을 실어 나르고, 벽돌을 올리고, 성당을 가꾸어 간 것에 대한 자세한 이야기를 들었습니다. 이제 모두가 나이가 들어서 힘든 노동으로 봉사는 못하시지만, 그 추억만큼은 애절한 마음으로 간직하고 계셨던 것입니다. 젊은 사람들과 자식들이 모두 떠나간 작은 시골 성당을 그분들은 여전히 깊은 애정을 가지고 지키고 계셨습니다.

돌아온 후 며칠 동안 젊음을 바쳐 성당을 일구어냈던 형제, 자매님들에 대한 이야기가 머리에서 떠나지 않았습니다. 더 많은 시간이 흐르기 전에 그들을 위해 무엇인가를 해 드리고 싶었습니다. 때마침 5월 가정의 달인지라 며칠 뒤 사목회를 소집해서 혼인 갱신식을 다 함께 준비했습니다. 준비하면서 모두 궁금해하던 이 혼인 갱신식 대상은 바로 성당 초창기부터 지금까지 함께해 온 대부분의 신자분들이었습니다.

화창한 어느 날 미사와 함께 드디어 혼인 갱신식이 시작되었습니다. 얼마 전 병자성사를 받으신 형제님도 이제는 장성한 아들들의 부축을 받으며 오셨고, 파킨슨병으로 투병 중이신 형제님도 비록 성당 앞에 살고 계시지만 가다 서다를 반복하시면서 기어이 성당에 오셨습니다. 오랜만에 꺼내 입은 빛바랜 양복의 멋쩍은 노신랑들, 화장으로 아무리 감추려 해도 감추어지지 않는 주름을 삶의 선물로 드러낸 수줍은 노신부들이 한자리에 다 모였습니다. 드디어 호명과 함께 각자의 자리에서 일어났고 서로를 바라보았지만 웃는 것인지 우는 것인지 눈을 마주치지 못합니다. 가만히 보니 세월이 흘러 이제는 홀로 남겨진 분들 빼고 아직까지 함께 살고 있는 성당 신자들 대부분이 그 자리를 함께했습니다. 혼인 갱신식이 절정에 다다를 무렵 반지를 주고받을 시간이 되었습니다. 교환할 예물을 준비하지 말고 모두들 빈손으로 오시라고 했기에 그분들 손은 빈손이었습니다. 그때 성당에서 미리 마련해 둔 예쁜 은반지들을 꺼내 노부부들의 손에 하나씩 쥐어 주었습니다. 사실은 돌침대 살 돈으로 반지를 미리 구입해 두었던 것입니다. 드디어 신랑 신부는 서로의 손가락에 반지를 끼워 주며 말합니다.

"사랑하는 그대여, 오늘 이 순간까지 함께해 주어 고맙습니다. 성부와 성자와 성령의 이름으로 드리는 이 반지를 나의 사랑과 신의의 표지로 받아 주십시오."

갑자기 신랑 신부들의 눈시울이 빨개졌고 신부들보다 오히려 신랑들의 목소리가 심하게 떨렸습니다. 미리 준비된 대로 한 고백이었지만 사랑한다는 말조차도 남사스러워 써 보지 못한 세대였기에 그 자리, 그 상황이 무척이나 쑥스럽고 어색할 것임을 짐작하고 있었습니다. 하지만 결국 모두가 진지하게 그렇게 고백을 하며 반지를 주고받았습니다. 이윽고 갱신식이 모두 끝나고 새 신랑 새 신부들을 제단 앞으로 모셨더니 성당 신자들 자리가 텅 비었습니다. 그 빈자리 중앙에는 이제 제가 자리를 잡고 섰습니다. 그리고 그분들께 고개 숙여 깊은 감사의 인사를 드렸습니다.

"고맙습니다. 그리고 너무나 감사합니다. 오늘 이 자리는 제가 아니라 하느님께서 여러분들을 위해 마련한 것입니다. 하느님의 집인 이 성당을 짓고, 가꾸고, 지금까지 지켜 오신 그 마음에 깊은 감사를 전합니다. 언제까지일지는 그분만이 아시겠지만, 여러분께 허락된 시간까지 더욱 아름다운 성당으로 만들어 주시기 바랍니다."

황무지 빈터에 성당 자리를 잡고, 땀 흘려 성당을 가꾸어 온 노부부들의 그동안의 노고에 작은 감사의 시간과 선물이라도 꼭 드리고 싶었는데 그 자리를 빌려 마음을 전할 수 있었습니다.

돌침대는, 결국 그 본당을 떠날 때까지 사지 못했습니다. 그래도 그날 이후 더욱 기쁘고 마음 편하게 잠을 청할 수 있었습니다. 돌침대보다 더 좋은 침대, 돈으로 환산할 수 없는 성당 노부부들의 따스한 사랑의 침대가 그날 밤부터 주어졌기 때문입니다.

하느님, 당신 보시기에 좋으셨다면 그것으로 만족합니다.

8。

세상에서
가장 아름다운 문자

세상에서
가장 아름다운 문자

 작은 시골 성당에 소속된 공소가 3개나 있었습니다. 소속 공소가 많으면 잔일들도 많고 일정도 덩달아서 바빠집니다. 그중에는 '모란 마을'(가명)이라는 나환우 교우들이 모여 사는 공소가 있었습니다. 모란 마을이라는 공소는 처음부터 인위적으로 만들어진 것이 아니고, 나환우들이 한두 사람씩 모여서 그들 스스로가 일군 공동체였습니다. 전국 각지에서 살다가 지금은 한센병이라고 이름을 바꾼 그 병이 발병하여 이런저런 사연을 안고 모란 마을이라는 곳으로 한두 사람씩 흘러들어 와 살게 되었다고 합니다. 이제 세월이 흘러 이곳 모란 마을 주민들의 평균 연령이 80세가 되었습니다. 지금이야 도로가 생기고 이름도 생겼지만 그들이 처음 모여 살았을 때는 도로도 없는 깊은 산속에 자리 잡고 있었습니다. 몰래 탄광 열차를 타고 오다가 '얼음재'라는 언덕을 올라가느라 속도가 줄어들 때 기차에서 뛰어내려, 장터나 혹은 마을에서 구걸해 얻어 온 음식을 나누어 먹고 그렇게 살았습니다. 그분들 표현으로 그 당시에는 매일매일이 살기 위한 몸부림의 연속이었답니다. 그러다가 어찌어찌하여 천주교 신앙을 가지게 되었고 성모님도 마을 중앙에 모시면서 공동체를 일구기 시작했다고 합니다. 하지만 가족들로부터 떨어져 살아야 했고, 주변 사람들의 따가운 시선 그리고 그들 사이에서 태어난 자녀들은 그들이 키울 수 있는 여건이 되지 않아 입양되거나 그들을 떠나 다른 곳에서 살아야 하는 삶의 아픔들도 안고 있었습니다. 그렇게 태어난 것에 한 번도 동의한 적도 없고 그들 잘못으로 얻은 병도 아니었음에도 고통은 내내 그들을 따라다녔고, 그 고통이 이제는 세대를 이어 갔습니다. 그들의 바람은 그들 세대에서 그 고통이 끝났으면 하는 것이었습니다.

본당에 부임해서 예정된 대로 한 달에 한 번 있는 공소 미사를 다니기 시작했습니다. 하지만 미사를 다닐 때마다 매번 느껴지던 저에 대한 차가운 시선과 무관심이 계속 마음에 걸려, 속으로 '이건 뭐지? 본당 신부 길들이긴가? 내가 뭘 잘못했나? 나에게 불만이 있으신가?' 하고 별 생각을 다했습니다. 그러던 어느 날 미사 후에 커피 한잔 달라고 청을 했더니 난처해하면서 커피 드셔도 괜찮겠느냐고 오히려 물어보십니다.

알고 봤더니 그동안 마을에 다녀갔던 많은 사람들이 홍보용 행사나 일만 보고 바로 돌아갔었고, 저 또한 미사 후에 늘 그랬던 것처럼 본당의 다음 미사를 위해 떠났었기에 그분들에게는 똑같이 여겨졌었나 봅니다. 저에 대한 냉소와 차가운 시선이 그제야 이해가 되었습니다. 그들은 미사를 드리기 위해 모였어도 이런저런 시선과 상황들로 인해 또다시 소외를 받고 있었던 것이었습니다. 그날부터 모란 마을 교우분들이 마음에서 떠나지 않았고 제가 무엇을 어떻게 해야 할까 고민이 쌓여 갔습니다. 그래서 저녁마다 감실 앞에 와서 그들을 위해 제가 할 수 있는 것이 무엇인지 여쭈었습니다. 그런데 참 아이러니하게도 우리 예수님은… 제가 여쭈어보면 한 번도 속 시원하게 대답을 안 해 주십니다. 제 미련한 머리로는 방법이 생각나지 않아 묻고 또 물어도 침묵만 흐를 뿐 마음 안에 아무것도 느껴지지 않았습니다. 제가 그분의 답을 들을 만한 준비가 덜 되어 답이 없으신가 보다 하는 생각에 스스로의 무능력과 자책감에 빠졌습니다. 그렇게 며칠이 지난 후 시골 장에 다녀와서 다시 감실 앞에 갔습니다. 그리고 말씀을 드렸습니다. "예수님, 지금 제가 생각하는 것이 무엇인지 당신께서는 이미 다 알고 계십니다. 당신 앞에서는 숨길 수도 없습니다. 다만 그것이 당신 마음에 안 드시거든 말씀을 해 주시거나 어떤 징표를 주시고, 혹시 당신 마음에 드시면 평소처럼 아무 말씀도 하지 말아 주십시오." 약간은 체념 섞인 기도였지만, 혹시나 마음속에 무엇인가를 느끼게 해 주시지 않을까 기대했건만, 여전히 아무 징표도 아무 소리도 들리지 않았습니다. 아마도 머리가 부족한 제가 마음에 안 드셨나 보다고 혼자 생각하면서도 그냥 제가 해야 할 것 같은 일을 하기로 했습니다.

그래서 그 주부터 한 달에 한 번 가던 공소 미사를 매주마다 가는 것으로 계획을 세우고 실행에 옮겼습니다. 그리고 마지막 주에는 공소가 아니라 본당에 직접 오셔서 다 함께 미사를 드리도록 했습니다. 제가 한 달에 세

번은 가니, 당신들께서 한 번은 제가 있는 본당으로 오시도록 한 것이지요. 이렇게 교류는 시작되었습니다. 미사 후에는 매번 커피를 마시고 공소 앞 나무 아래에서 이런 저런 이야기를 나누었고 나중에는 점심 식사도 같이하였습니다. 처음에는 제가 마시는 커피 잔도 따로, 수저 세트도 따로 놓고 상도 따로 차리더니, 점점 같은 상에서 같이 먹고 마시고 식사도 어우러져 하게 되었습니다. 화투도 배워서 함께 치고, 김장 김치는 반드시 제가 먼저 시식을 해야 한다며 집집마다 한 포기씩 얻어다 먹었습니다. 점점 일주일에 한 번인 모란 마을의 공소 미사가 저에게도 그들에게도 기다려지는 행복한 시간이 되었습니다.

그런데 여느 때처럼 미사를 드리는데 매주 같은 성가만 반복해서 노래를 부르는 것을 깨달았습니다. 하도 이상해서 성가 좀 바꾸어 보라고 했는데도 다음 주도 또 같은 성가만 부르기에 다른 의도가 있는지 조심스럽게 몇몇에게 물어봤습니다. 그랬더니 그분들은 더욱 조심스레 대답하길, 사실 아는 성가가 그것밖에 없고 일부는 글을 모르거나 일부는 시력을 상실해서 글이 안 보인답니다. 오, 맙소사! 그분들은 성가 가사가 안 보여도, 글을 몰라도, 그냥 암기해서 노래를 부르거나 입술 모양만 따라 움직이고 있었던 것입니다. 그리고 행여나 다른 성가로 바꾸지 않아 신부님에게 야단이라도 맞을까 봐 조마조마해하며 성가를 부르고 계셨던 것입니다. 그런 것도 미리 알아채지 못했던 저는 아둔하기 짝이 없는 신부였습니다. 저같이 미련하고 바보 같은 신부가 그들의 마음을 알 턱이 없었지요. 수도 없이 가슴을 치고 저의 우매함을 통탄하며 다음 주부터는 그분들에게 편한 성가면 아무 성가나 부르도록 했습니다. 그러자 한동안은 전례력에 상관없이 성모님 노래만 줄기차게 부르기도 하고, 또 사순 시기에 성탄 성가를 부르기도 했습니다. 하지만 훨씬 더 경건하고 기쁘게 성가를 부르는 모습을 발견하게 되었고, 하느님 들으시기 좋으실 것 같아 저도 기쁘게 따라 불렀습니다.

그러던 어느 날 아침, 본당에서 정신없이 일하고 있는데 휴내 선화로 문자 메시지 한 통이 왔습니다.

"씬부님, 싸랑합니다. 항상고맙듭니다."

모르는 번호이기도 했고, 글자도 맞춤법도 틀리고, 하여간 이상해서 그냥 무시했습니다. 그리고 다시 한참을 일하다가 오후에 같은 문자를 한 번 더 받았습니다. 이번에도 비슷한 내용입니다. 속으로 '누가 장난을 치나?' 하며 며칠을 지냈는데, 모란 마을 자매님으로부터 전화 한 통을 받았습니다. "신부님, 혹시 문자 받으셨어요? 그거 김○○ 형제님이 신부님께 태어나서 처음으로 보낸 거랍니다. 신부님 답 기다리다가 혹시 잘못 보냈나 하고 저에게 전화 좀 해 보라네요!"

순간 뭔가로 머리를 얻어맞은 것처럼 또 바보가 되어 버렸습니다. 그 문자는 모란 마을 다른 분들과는 달리, 가장 마지막까지 제게 마음을 열지 않고, 술만 드시면 저에게 주정도 부리고 시비도 걸며 이런저런 이유로 저와 참 많이 싸웠던 형제님이 보낸 것이었습니다.

그런데 그분은 손가락이 없었습니다. 다른 한센인들은 얼굴이나 다른 곳에 증상이 나타났는데, 그분은 양손에 증상이 있어서 손가락이 없었던 것입니다. 그래서 제게 그 문자를 보내실 때 아주 오랜 시간에 걸쳐서 손가락이 없는 손 등으로 휴대 전화 글자판 하나하나를 조심스럽게 눌러 보내고, 제 답장을 마음 졸이며 기다리셨던 것입니다.

아이고, 이 미련한 바보 신부! 용기 내어 문자를 보내면서 지금까지 굳게 닫았던 그 마음을 열어 두셨는데, 저는 글자가 이상하다고 맞춤법이 틀리다고 무시했으니…. 당장 전화를 드렸습니다. 지금까지의 모든 불편함은 눈 녹듯 사라지고 언제 다투고 언제 싸웠냐는 듯이 서로 반갑게 인사를 나누었습니다. 그리고 문자 주셔서 고맙다고 진심으로 마음을 전했습니다. 문자로도 다시 한 번 고맙다고 보냈더니 이번에는 하트♡ 문자가 수십 개 답장으로 날아왔습니다.

그날 이후 그분과는 모든 마음의 장벽이 허물어졌습니다. 그리고 더 많이 싸우고, 더 많이 다투었습니다. 그래도 항상 다투고 나면 누가 먼저랄 것도 없이 서로 전화를 합니다. 그렇게 그분은 항상 제 곁에 계셔 주셨고, 성당과 공소의 모든 일에 제 편이 되어 주셨습니다.

지금도 저는 그 문자를 소중히 보관하고 있습니다. 제가 지금까지 세상에서 받아 본 가장 아름다운 문자였기 때문입니다. 돌이켜보니, 감실 앞에서 제가 그토록 기다렸던 예수님의 말씀은, 그분의 징표는, 그토록 아름다운 문자로 제게 주어졌던 것입니다.

9.

인생의 마지막 선물
- 성당 열쇠

인생의 마지막 선물
– 성당 열쇠

숨 가쁘게 달렸던 몇 년 전 10일간을 아직도 가슴 깊이 기억합니다.

어느 날 본당 봉사 활동에 열심이셨던 형제님 한 분이 서울 병원에서 위급해졌다는 소식을 들었습니다. 두 번째 입원이라 어느 정도 예상은 했지만, 이번에는 상황이 긴박하게 진행되는 듯싶었습니다. 성당에서도 봉사하시면서 고생도 많이 하셨던 분인데다, 나름 저와 당신만이 아는 삶의 사연이 많으셨던 분이기에, 가족들 그리고 본당 형제님 한 분과 성당 봉고차로 한달음에 서울로 올라갔습니다. 이제는 더 이상 치료가 무의미하다는 대학 병원 의사의 진단을 듣고 서둘러 그분을 봉고차에 모시고 고향으로 내려왔습니다. 그러고 나서 그분을 하느님께 보내 드리는 데 걸렸던 시간이 딱 10일이었습니다.

지금 생각해도 그 10일간은 정말 숨 가쁘게 달렸던 것 같습니다. 도착해서 고향 집으로, 다음 날 다시 병원 응급실로, 다시 또 다른 호스피스 병원으로, 그리고 장례식장으로 이동하는 내내 정신없이 숨 가쁘게 시간을 보냈습니다.

언제나 함께할 것 같은 사람의 갑작스러운 죽음이라 모두를 당황스럽게 했습니다. 55년을 살아온 그 자신도 그러했겠지만, 그를 알고 있는 이들도 그의 죽음을 온전히 받아들이는 데 시간이 걸렸습니다. 이 세상의 모든 가장들처럼 그분도 참 고생을 많이 했던 분이었습니다. 그 누구보다도 열심히 그리고 야무지게 살았습니다. 또한 잘 살기 위해 고민을 많이 했던 사람이었습니다. 가족들에게는 엄한 가장 혹은 일만 하는 아빠였을지 모르겠지만, 간혹 혼자서 성당에 와서 앉아 있는 모습을 보곤 했습니다. 그럴 때마다 쑥스럽게 이런저런 두서없는 말들을 늘어놓다가 결국에는 속마음을 털어놓았습니다. 작은 키에 무뚝뚝해 보이는 겉모습이나 보이는 것과는 달리 참 정의롭고 마음도 온유한 분이셨습니다. 또한 이것저것 삶에 대한 철학이 분명하면서도 따뜻한 분이셨습니다. 무엇보다도 하느님을 열렬히 믿고 살아온 사람이었습니다. 하지만 하늘나라로 가셔도 너무 빨리 가셨기에 아쉬웠습니다. 인간적인 나이로도 그렇고, 마지막으로 주어진 시간이 많지 않아 더욱 안타까웠습니다.

모든 치료를 중단하고 봉고차로 고향으로 내려오는 길에 "신부님, 이제 살 것 같습니다." 하셨습니다. 그동안 병원에서 많이 답답하셨나 봅니다. 남겨진 가족들을 위해 무엇인가를 해야 하는데 병원에만 있어야 히고, 주변 정리도 해야 하는데 하루하루 의식은 잃어만 가고…. 무엇보다도 이 세상의 모든 흔적을 정리하기에 10여 일은 너무나 부족함을 아셨기에 홀로 있음이 답답하셨나 봅니다. 그래도 그분은 행복하다 연신 웃음을 지었습니다.

내려오는 길에 고속도로 휴게소에 들러 함께 간단히 식사를 했습니다. 그리고 다시 고향으로 출발하려 할 때 그 형제님이 불쑥 제게 이런 말을 하였습니다.

"신부님, 소원 두 가지가 한꺼번에 이루어졌습니다."

무슨 말인지 몰라 눈을 둥그렇게 뜨고 다음 말을 기다

리는 제게 행복한 미소를 지었습니다. 사실 그분이 첫 번째로 입원했을 때 다시 건강해지면 꼭 하고 싶은 일이 두 가지가 있었답니다. 하나는 저와 단둘이 식사를 하는 것이었고, 또 하나는 당신 가족들과 저와 함께 같은 차를 타고 며칠만이라도 여행을 가는 것이었다고 합니다. '신부님과 단둘만의 오붓한 식사와 가족 여행'이 비록 휴게소 식당과 치료를 끝내지 못한 채 집으로 오는 귀향길에서 이루어졌지만 그럼에도 당신은 행복하답니다. 사실 그분이나 저나 이래저래 일 핑계로 서로 미루던 약속들이었는데 갑작스럽게 실행된 것입니다. 게으른 저 때문에 그동안 이루지 못했던 소원이 이렇게 이루어져서 미안했습니다.

선종하시기 며칠 전 병자성사를 주었습니다. 병자성사가 끝나고 나서 그분 요청대로 사람들을 물리고, 그분과 단둘이 남았습니다. 삼시 후 그분이 제게 돌려 드릴 것이 하나 있다고 하시더니 가방에서 무엇인가를 꺼내서 주셨습니다. 그것은 본당 사목회 임원들에게 봉사직의 상징으로 드렸던 성당 열쇠였습니다. 첫 번째 입원했을 때에는 단호히 받기를 거절했지만, 이번에는 거절할 수가 없었습니다. 그분이 열쇠를 돌려주며 이렇게 말씀하셨습니다.

"신부님 곁에서 더 봉사했어야 했는데, 죄송합니다. 그래도 지금까지 함께할 수 있어서 고맙습니다."

성당 열쇠를 받아 들고 두 손을 꼭 잡고 저도 조용히 감사의 인사를 전했습니다. 성당 열쇠를 반납하시면서 그동안 함께했던 당신 몫의 봉사를 그렇게 완성하셨던 것입니다.

그분은 봉사를 잘 알고 하셨습니다. 봉사의 시작과 끝은 원래 주인이신 하느님께 드려야 할 봉헌이기에, 그 봉헌을 위해 당신의 삶 안에서 조용히 부르시는 하느님 곁에 기도로 머무르셨고, 자주 하느님을 찾아 하늘을 향해 고개를 들고 귀를 기울였다는 것을 저는 알고 있었습니다.

지상의 나그네 길을 떠나온 모든 사람들처럼 잠깐 나온 인생 소풍 길을 걷는 동안 고생도 많이 하셨지만, 하느님을 만나신 것 같았습니다. 사람으로부터의 위로보다는 당신이 그토록 만나고 싶어 했던 하느님께 위로를 받으시고 평안히 쉬시길 기도드리며 그분의 마지막 여정의 길을 함께했습니다.

  몇 년이 흐른 지금, 미사를 드릴 때마다 미사 경본 한 구절에 잠시 멈추게 됩니다.
"하느님, 아버지 앞에 나아와 봉사하게 해 주심에 감사하나이다."
  그렇습니다. 모든 것이 은총이고 감사할 뿐이었습니다. 우리에게 허락된 시간과 공간 안에서의 모든 것이 그분의 허락 없이는 아무것도 이루어질 수 없습니다. 나의 삶을 온전히 내어 드릴 수 있다는 것도 은총임을 깨닫지 못한다면 사실 어떤 형태의 봉사도 봉헌이 되지 못하고 그저 시간이 지나면 추억으로만 남는 자기만족의 행위로 사라지게 될 뿐입니다.

  한 인간의 인생을 흔히 우리에게 익숙한 짧은 드라마나 두어 시간짜리 영화 안에 다 그려 낼 수 없을 것입니다. 이 지면에 다 싣지 못하는 수많은 사연들도 하느님과 한 인간이 아름답게 만나는 데 밑거름이 된다면 고유한 봉헌은 완성될 것입니다. 그분을 떠나보내던 날, 그분 생의 마지막 선물인 성당 열쇠, 잘 받아서 제대에 봉헌해 드렸습니다.

　우리도 우리 생의 마지막 선물로 무엇을 남겨 놓을 수 있을까 고민해 볼 수 있다면 참 좋겠다는 생각을 해 봅니다.

10。

고해소에서 야단맞은 신부

고해소에서
야단맞은 신부

"두려워하지 말고, 주님께 마음의 문을 여십시오."

교황 요한 바오로 2세의 시복식 주제어입니다. 세상의 모든 이를 향한 이 문구는 나그네 길을 힘겹게 걷고 있는 이들의 마음을 위로해 주고 의지할 곳을 찾게 해 줍니다.

교회를 멀리 떠나 있는 이들, 그들 마음 안에 있는 거리감은 종교적 시설물을 떠난 것이 아니라 하느님으로부터 떠나 있는 것이요, 그들 스스로가 느끼기에 하느님으로부터 멀어졌다고 생각하는 이유는 바로 한마디로 정의하기 어려운 '두려움' 때문일 것입니다. 하지만 두려움이든, 그 무엇이든지 간에 하느님으로부터 멀어진 어떤 이유나

원인보다 언제든지 당신께 돌아오는 것이 그분에게는 더 중요하다는 것을 인간들은 잘 모를 것입니다.

가톨릭 신자들은 자신의 죄를 진심으로 뉘우치고 고백하면 하느님께 용서를 받는다는 고해성사에 대해 잘 알고 있습니다. 인간이 죄를 용서받을 수 있다는 그 자체만으로도 신에 대한 믿음이 있든 없든 이미 엄청난 사건입니다. 이에 대해 수많은 역사적·신학적으로 논쟁거리가 있었지만, 그것은 인간의 논쟁일 뿐 인간이 아닌 하늘의 진리로 믿고 있는 이들은 '죄를 용서받을 수 있음'을 큰 은총으로 여기고 있습니다.

현 교황이신 프란치스코 교황님께서도 미사 집전 전에 고해성사를 자주 보십니다. 본당 사목자인 사제들 또한 인간이기에 당연히 고해성사를 봅니다. 사제들은 성사를 집전하는 대리자(원집전자는 예수님)이지만 그들도 고백자이기에 고해성사가 얼마나 어려운 일인지 잘 알고 그 마음을 이해합니다.

신 앞에서 홀로 자신의 모든 것을 고백하는 행위는 지극히 개인적인 영역이고, 하느님과 자신만의 거룩한 만남입니다. 그런 거룩한 만남을 위해 내적 은총의 시간인 성찰의 시간은 당연하게 요구됩니다. 고백 전에 '양심 성찰'이라고 불리는 이 시간은 고해소 안에서 죄를 고백하고 용서받는 순간만큼 중요합니다.

성찰의 시간 동안은 평소와는 다른 마음가짐과 절제의 자세로 가장 먼저 기도의 깊은 시간을 스스로 마련하고, 그 과정에서 처절하게 자신을 내려놓고 들여다보는 엄숙함의 시간을 지나야 합니다. 모래 속에서 진주를 찾아내듯 유혹과 흔들림 속에 묻혀 있던 자기 본연의 모습이라는 보물을 찾는 여정의 시간을 가져야 하는 것입니다. 또 다른 나, 아니 잊고 살았던, 혹은 잊고 싶고 부정하고 싶었던 나의 모습들을 솔직하게 찾는다는 것은 말처럼 쉽지 않습니다. 많은 경우 우리 자신에게마저 솔직하게 살지 못했다는 것을 잘 알고 있기 때문입니다. 양심 성찰의 시간을 거치면서 내면의 깊은 세계를 만나게 되고, 때론 신앙에 대한 무감각의 유혹이든, 혹은 삶의 무감각이든 스스로의 변론에 빠져 살고 있는 자신을 발견하기도 합니다. 그 모든 과정이 힘들지만 스스로에게 부여해 볼 만한 가치가 있는 것을 알기에 고해성사 전에 이런 성찰의 시간들을 갖는 것입니다.

살면서 크든 작든 매듭을 짓는 것이 중요하다는 것을 우리는 알고 있습니다. 고해성사는 인간의 입장에서가 아니라 하느님 안에서 맺는 매듭입니다. 성사를 준비하면서 영혼의 상태를 점검하고, 지난 행위들을 돌아보게 됩니다. 인간이기에 가질 수밖에 없었다던 변명 아닌 변명의 어두운 감정들과 그 결과물들을 인정하고, 그와 관계된 모든 존재들을 위해 신 앞에서 기도하는 시간입니다. 그래서 고해성사는 짐을 내려놓고 다시 떠나는 시간이고, 우리 마음에 상처들을 치유하고 용서를 받고 용서를 배우는 시간입니다. 그것은 전인적인 은총의 시간입니다. 남 앞에서 내 자신을 표현하는 것이 그것도 나의 잘못을 고하는 것이 얼마나 어렵고 불편하겠습니까? 오랫동안 갈등과 용기라는 에너지를 붙잡고서야 가능할 것입니다. 사제가 아니라 하느님께서 고해소에서 듣고 계심을 믿고 행하기까지 참으로 오랜 시간이 걸립니다. 하지만 그 과정을 지나고 나면 고해성사가 어려움보다는 감사와 기쁨의 에너지로 전환됩니다.

사제로서 고해성사를 집전하면서 수많은 다양한 사람들의 고백을 그 안에서 듣습니다. 얼굴도 알 수 없고, 그저 목소리만으로 모든 것을 듣고 느낍니다. 고해소에 들어가는 신자도 그렇겠지만, 그 일을 행하는 사제 또한 죄 사함의 직무를 수행하는 무게에 긴장에 또 긴장을 합니다. 본당의 수많은 사목적 직무를 빠짐없이 챙기면서도, 상시적으로 이루어지는 고해성사를 집전할 수 있도록 마음의 준비를 게을리하지 않도록 노력합니다. 하지만 사제인 저에게도 이 고해성사가 어렵고 부담되는 건 사실입니다. 그래서 우스갯소리로 본당 수녀님들과 사무실 직원들 혹은 사목회 임원들이 스스럼없이 고해성사를 볼 수 있는 사제가 진짜 성공한 사목자라 말하곤 합니다. 왜냐하면 본당에서 사제를 가장 가까이서 인간적으로 보아 온 그들의 마음속에 온전한 사제다운 믿음이 없다면 그들도 고해성사를 볼 수 없기에 그만큼 어렵다는 뜻입니다.

고해성사를 마치고 신자들이 기도하듯 사제 또한 기도 시간을 가집니다. 그 수많은 인간 세상의 죄들을 머리와 마음에 안고 갈 수는 없기 때문입니다. 고백자에게는 세상의 모든 먼지들을 털어내고 용서받는 장소이지만, 고백된 죄들은 사제에게 또 다른 마음의 십자가가 될 수 있습니다. 그 마음의 십자가를 피하기 위해 고해성사를 나의 일이 아닌, 그들만의 일로 치부해 버리거나 혹은 단순한 비밀 의무의 일로만 한정해 버릴 수도 있기 때문입니다. 그 일은 사제가 모시는 하느님 당신 백성의 일이기에, 사제 또한 고백이 끝나면 성당 감실 앞에 무릎을 꿇고 모든 것을 침묵 가운데 그분께로 온전히 돌려 드리는 시간을 갖는 것입니다. 적어도 제 경험에 비추어 보면 말입니다.

이런 고해성사에 사제의 영향이 얼마나 큰지, 그리고 성사를 보러 오는 발길이 얼마나 아름다운지 깨닫게 되는 사건이 있었습니다. 나름 투철한 사명 의식과 교회 정신으로 무장한, 사제품을 받은 지 얼마 되지 않은 새내기 신부였을 때 일입니다. 저는 일명 고해성사를 까다롭게 주기로 소문난 젊은 신부였지요.

그날도 미사 전후로 수백 명의 신자들에게 판공성사를 주느라 혼자서 고군분투하고 있었습니다. 차례대로 고해소로 들어오는 사람들의 고백을 듣고, 고해성사의 형식을 지키지 못하거나 준비 없이 보는 사람들, 혹은 냉담의 정도나 죄의 경중에 따라 여느 때처럼 무척 엄중한 보속을 주면서 훈계를 하고 있었습니다.

그런데 어느 형제분이 고해소에 들어와서는 성사를 어떻게 보는 줄도 모르고 끊임없이 흐느끼기만 하는 것이었습니다. 몇 분의 침묵과 몇 마디 말이 이어지고 또다시 침묵하기를 반복했기에, 고해성사의 원칙과 중요성에 대해 그리고 그 형제의 잘못된 자세에 대해 습관처럼 강한 훈계를 했습니다. 그랬더니 갑자기 흰 천으로 가려진 건너편에서 흐느낌과 원망 섞인 목소리가 들려왔습니다.

"신부님, 저 20년 만에 성당에 나왔습니다. 그런 제가 고해소까지 오는 것이 얼마나 무섭고 떨리는 줄 아십니까? 그런데 이렇게 야단을 치시면 제가 어떻게 고백을 합니까? 신부님은 죄를 짓지 않습니까?"

순간 머릿속이 하얗게 되고 말문이 막혀 잠시 멍해졌습니다. 그리고 저도 모르게 고해소 문을 열고 반대편 고해소에서 무릎 꿇고 앉아 있는 그 형제님을 일으켜 세웠습니다. 그리고 그 형제님께 깊이 고개 숙여 사과를 드렸습니다.

"죄송합니다. 죄송합니다. 제가 잘못했습니다. 마음 진정시키시고 다시 차분하게 하느님께 성사를 보십시오. 정말 죄송합니다."

제가 사과를 하는 동안 그 형제의 뒤편에는 수십 명의 신자들이 차례를 기다리고 있었지만 제 눈에는 그들이 보이지도 않았고, 부끄럽다는 생각도 하지 않았습니다. 그저 제가 해야 할 일은 그 형제에게 사제로서 교만했던 것에 대해 용서를 청하고 그 형제가 다시 자신의 죄를 하느님께 고백하도록 해야 한다는 생각밖에 없었습니다. 저의 진심 어린 사과와 하느님의 이끄심 때문이었을까요? 그 형제는 다시 고해소로 들어갔고, 이제는 주저함 없이 자신의 모든 것을 고백했습니다. 고백을 듣는 내내 저는 저의 교만함을 보속하는 마음으로 임했습니다.

그 형제 덕분에 저는 어느 순간 죄의 항목을 찾는 심문자, 더 나아가 죄를 판단하는 심판자가 되어 있는 저 자신을 발견했던 것입니다. 어느새 그렇게 변해 버린 제 모습이 너무나 한심하고 부끄러웠습니다. 예수님께 용서를 구하고 또 구했습니다. "예수님, 당신 마음을 실행하는 일인 사목을 하시 않고 인간의 일을 하고 있었습니다. 용서해 주십시오." 그 고해소 안에서 진심으로 뉘우쳐야 할 사람은 그 형제보다는 바로 저 자신이었습니다. 아주 짧은 만남이었지만, 그분 덕분에 저는 제가 있어야 할 제자리를 다시 찾을 수 있었습니다.

고해성사가 끝나고 문을 열고 나와 서로 깊이 고개 숙여 인사를 하면서 악수를 나누었습니다. 그분에게 미안함과 감사의 마음으로 고개 숙여 인사했는데, 그 형제님은 무슨 마음이셨는지 오래도록 제 손을 잡고 놓아 주지 않았습니다. 그리고 다시 수많은 신자들의 고백이 이어졌지만, 그 순간부터 제 마음은 이미 달라져 있었습니다. 매 순간마다 제가 고백을 하고 나온 느낌이었고, 제가 죄를 용서받은 기분이었습니다. 이런 신비스러운 은총은 고해소에 들어갈 때마다 지금도 이어지고 있습니다.

그 형제와의 만남은 이후 저의 나머지 사제 생활에 큰 교훈이 되었습니다. 조금이라도 교만해지려는 마음이 생기면 그때 그 일을 떠올립니다. 사제는 판단하고 심판하는 자가 아님을, 사제에게 주어진 식별력은 하느님으로부터 멀리 떨어져 있는 이들을 어떻게 그분께 이끌어야 하는지 고민하는 데 온전히 사용되어야 함을, 그리고 두려움과 떨리는 마음으로 고해성사를 보러 오는 그 발길이 얼마나 아름다운지를 가슴 깊이 깨닫게 해 주었습니다.

성찰과 회개로 다가오는 인간, 인생의 수많은 갈림길에서 길을 몰라 당신을 찾는 이에게 하느님께서는 '왜 그리 살았느냐, 왜 잘못했느냐'고 묻지 않으십니다. 오히려 무릎을 꿇고 고개를 떨구고 있는 자녀들을 포근히 안아 주십니다.

너무 멀리 가지 않도록, 홀로 남겨지지 않도록, 그래서 외롭지 않도록 부르신 것입니다. 여기까지 오느라 고생했다 위로해 주시고, 인생의 십자가가 너무 무거우면 때론 당신에게 건네주라는 마음까지 느낄 수 있습니다. 당신께서 십자가를 먼저 지셨기에 그 무게가 얼마나 무거운지, 얼마나 외롭고 힘든 일인지 아시기에 이제 각자의 십자가를 지고 가는 이들을 위로해 주십니다. 고해소를 나가는 순간 당신께서 주시는 마음의 평화와 용기를 가지고 살아가도록 우리를 이끄십니다. 더 많이 경쟁하기 위해 그 누군가가 희생되는 것을 당연하게 여기는 이곳, 용서라는 단어가 적용되지 않는 이 삭막한 세상에서는 있을 수가 없는 일입니다. 그러니 세상의 눈으로는 고해성사의 신비가 이해될 수가 없는 것이지요. 이러하기에 우리는 회개하고 뉘우치는 그 누구에게도 왜 그러했느냐고 물어볼 수 없습니다.

 우리가 사는 세상은 변함없이 탁하고 더없이 어둡습니다. 우리 어깨 위에 있는 삶의 십자가는 그전에도 있어 왔고, 우리가 살아가는 동안 형태와 무게만 달라질 뿐 앞으로도 없어지지 않을 것입니다. 하지만 그 탁함과 어두움 속에서 또다시 매일매일을 살아가야 하는 우리가 희망을 잃지 않도록, 그리고 좀 더 자유롭게 살아가도록 지금도 그분은 고해소로 우리를 부르고 계십니다. 그러니 "두려워하지 말고, 주님께 마음의 문을 여십시오."
 † 성부와 성자와 성령의 이름으로 당신의 모든 죄를 용서합니다. 아멘.

11.

하느님과 당신이 만나는 자리

그동안 여러분의
본당 신부여서 행복했습니다
- 못나서 지는 게 아니라, 사랑이 많아서 지는 것입니다

시간이 흘러 잠자는 곳을 바꾸게 되었습니다. 이곳에 올 때도 전혀 예상을 못했듯, 새로운 소임지로의 부임도 전혀 짐작치 못했습니다. 다시는 이런 인연으로 만날 수 없음을 전제로 한 이별은 참 힘들었습니다. 묵묵히 짐을 싸고(사실 짐도 별로 없어서 서너 시간이면 이사 준비가 끝이 납니다) 애써 웃으며 인수인계 준비에 들어갔습니다.

지난 몇 년간 제게 다가온 그들은 참 순수했습니다. 여느 사람들처럼 계산적이지도 않았고, 사제인 저에게 단 한 번도 불필요한 피곤함을 주지 않았습니다. 마음을 주는 만큼 마음을 열어 주던 분들이었습니다. 그들의 순수함은 과장되지도 않았고 마음 그 자체였습니다. 오히려

그들이 저를 사제로 다시 만들어 주었고, 그들 덕분에 예수님의 마음을 알았던 것 같습니다.

　본당을 떠나는 날, 그날 아침에도 늘 그랬던 것처럼 성당 문을 열고 청소를 했습니다. 떠나는 시간이 점점 다가오자 성당 안이 사람들로 채워지기 시작합니다. 직장과 학교에 휴가를 내고 마지막 미사에 참석하신 분도 계셨고, 논으로 들로 나가지 않고 모두 성당에 모여 묵묵히 앉아 계셨습니다. 본당에 부임하던 첫날, 환영 나온 신자들이 단 10명에 불과했었는데, 떠나는 날에는 200명이 넘게 오셔서 모두가 침묵 중에 울고 계셨습니다. 신자들이 기다리고 있는 성당으로 가는 것이 싫어 애써 사무실에서 새로 부임하실 신부님 준비 이야기로 일부러 시간을 좀 끌어 봅니다. 하지만 그것도 잠시, 이제는 용기를 내어 성당으로 가서 마지막 인사를 드려야 했습니다. 신자들 앞, 늘 서던 그 자리에 막상 서자 할 말이 없었습니다. 예전에는 눈도 마주 보고 웃기도 하고 할 말도 참 많았는데 그날 그 시간은 서로 침묵만 이어 갔습니다. 준비된 말을 한마디도 못하고 그저 가볍게 마지막 인사 말씀만 드렸습니다.

"그동안 여러분의 본당 신부여서 행복했습니다. 고맙고 감사합니다. 더 많이 사랑하지 못해 미안합니다. 부족한 점은 부디 용서해 주십시오."

그러고 나서 그분들에게 큰절을 올리고 성당을 빠져나왔습니다. 성모상 앞에서 성모송을 바치고, 언젠가 이곳에 우연히 지나가게 될 때 서로가 기쁘게 만날 수 있도록 해 달라고 짧은 기도를 바쳤습니다. 아무렇지 않은 듯 인사를 하고 차에 올랐지만 다음 소임지로 가는 동안 내내 마음속으로 울었습니다. 더 머물고 싶어도 머물 수 없기에 더 많이 사랑을 줄 수 없었음에 미안했습니다. 그리고 그렇게 또다시 가야 할 곳으로 떠나왔습니다. 새 부임지로 와서 며칠 동안은 매일 아침 제가 어디에 있는지 헷갈리기도 했습니다.

예수님 덕분에 참 맑은 사람들을 만났던 것 같습니다. 함께 사는 동안 많은 일을 했다고 생각했는데 막상 기억나는 것은 하나 없고, 돌이켜 보니 저는 그곳에서 예수님의 작은 사랑의 도구로 쓰였을 뿐입니다. 예수님의 사랑은 소유와 욕심을 부르는 인간의 사랑과는 달랐습니다. 인간은 사랑이라는 이름으로 만나고 함께하지만, 오히려 그 사랑 때문에 지치기도 하고 맺어진 인연에 힘겨워하기도 합니다. 그래서 어떤 형태로든 내 곁의 존재와 '나와 너' 사이의 '주고받음의 사랑'은 항상 불완전하기에 인간의 사랑만으로는 삶을 이해하고 설명할 수가 없었던 것입니다. 예수님의 사랑은, 이 세상에서 우리의 존재 자체가 그 누군가를 위한 끝없는 대속임을 깨닫게 될 때 체험할 수 있습니다. 그때야 비로소 예수님의 십자가처럼 '못나서 지는 것이 아니라 사랑이 많아서 지는 것'임을 알게 되는 겁니다. 어찌 보면 그들과 저 사이의 드라마 같은 지난 모든 일들은, 그것을 깊이 체험하도록 많은 사람들 속에서 특별히 선택받고 호흡하고 공감하는 동안 서로에게 주어진 신비로운 선물이었습니다. 예수님이 보내 주신 맑고 밝은 사람들 덕분에 저 또한 소중한 체험들을 하게 되었고, 돌이켜 보니 그들을 위해서가 아니라 오히려 저를 위해서 그들 속으로 보내 주셨는지도 모르겠다는 생각을 했습니다. 다만, 제 자신이 부족해서 더 많이 그 도구로 살아 내지 못함에 아쉬운 마음만 남았습니다. 준비할 사이도 없이 다가온 그들과의 만남과 이별, 이제 또 언제 어디서 얼마만큼 낯선 이들과의 만남이 기다릴지 모르지만,

못난 일꾼은 그렇게 또 하나의 가르침을 마음속에 품고 보따리 하나만 메고 다시 길을 떠납니다.

새벽 4시 반, 매일 아침
제대에 촛불을 밝힙니다

　새벽 4시 30분, 매일 아침 어둠 속에 묻힌 성당으로 향합니다. 성당 입구 불을 환하게 켜 놓고 문을 열고 들어갑니다. 그리고 맨 뒤에서부터 앞쪽 제대까지 촛불을 하나씩 켜 나갑니다. 가장 먼저 만나는 곳은 뒤쪽에 있는 사제 기도석 입니다. 그곳에는 작은 성모상이 하나 있고, 그 옆에 두 손 모아 기도하시는 예수님 성화가 놓여 있습니다. 작은 촛불을 각각 켜 놓으면 두 분의 기도 손만이 보입니다. 어둠 속에서 좀 더 걸어가 이제 제대 위의 촛불을 하나씩 밝힙니다. 그리고 감실 앞에 무릎을 꿇고 기도를 드립니다. 성당 감실 앞에 머무는 새벽녘 이 시간은 참으로 고요합니다. 한참을 지나고 나면 이른 아침 몇 마리의 새

소리와 제대 위 초가 타오르는 소리만 들려오기 시작합니다. 적막과 고요함을 방해하지 않는 그 소리들에 묻혀 이제 마음속 저 깊은 곳에서 들려오는 자신의 소리, 그리고 그분의 음성을 찾기 시작합니다.

>촛불을 하나 켜며 기도를 드립니다.
>예수님, 저 왔습니다.
>아무도 없고 어떤 소리도 들리지 않는 이곳, 지금 저는 오직 당신하고만 있습니다. 지나온 모든 시간들 또한 항상 당신과 저뿐이었는데, 어리석게도 이제야 깨닫습니다.
>주님, 제 눈에서는 지금 알 수 없는 눈물이 흐릅니다.
>당신 앞에 왔는데, 지금 제 손에는 아무것도 없습니다.
>아무리 살펴보아도 당신께 드릴 것이 정말 하나도 없어서 어찌할 바를 모르겠습니다.
>오히려 제 눈에는 아픔과 상처에 젖어 가쁜 숨을 몰아쉬는 한 불쌍한 인간만이 보이기에 부끄러워 웁니다.
>제 안의 깊은 우물을 발견하고 용기를 냈지만, 혼자였기에 매번 미끄러졌습니다. 당신과 저, 둘이 하나가 되었었지만, 저는 언제나 예전의 하나였기에 항상 빈손이었습

니다.

치유하지 못한 상처를 안고 살아온 세월만큼, 삶의 고달픔의 흔적을 제 몸 속에 고스란히 감추었고, 그 시간만큼이나 제 영혼은 당신에게서 멀어졌었나이다.

어느 아침잠에서 깨어나듯 발견한 저의 가난함은 당황스러움을 넘어서 슬픔을 안겨 주었습니다.

그런 저를,

비어 있는 저의 두 손을 당신은 가만히

당신 닮은 기도 손으로 만들어 주셨습니다.

어찌할 바를 모르고 서 있는 저의 어깨를 누르시어 무릎을 꿇게 하시고, 머리를 쓰다듬어 고개를 숙이게 해 주셨습니다.

어루만져 주시는 당신 손길에 기쁨과 동시에 오히려 마음이 아파 눈물이 나옵니다. 저의 모든 어제를 묻지도, 탓하지도 않으시는 당신 눈길은 제가 용기를 내어 당신께 다가가도록 하는 사랑이십니다.

주님,

당신의 사랑이 저의 부끄러움을 이겼습니다. 당신의 거룩한 인내가 저의 숨겨져 있는 눈물을 쏟게 했습니다. 제가 드릴 수 있는 것은 상처투성이 죄 많은 이 몸과 가난한 영혼뿐임에도, 저의 빈손을 당신의 손으로 감싸 안아주시고, 이 몸을 당신 품으로 안아 주심에 고개를 묻습니다. 제가 무엇이기에 이토록 기다리셨고 결국 제 스스로 당신 앞에 오게 하셨나이까? 이제 당신 품 안에서의 숨소리는 고통이 아니라 감사의 숨소리입니다.

주님,

이제야 당신의 얼굴을 알아봅니다.

너무 멀리 떠나 돌고 돌아 결국 당신께 왔습니다.

당신에게 너무 늦지 않았기를 바라며 당신을 부릅니다.

제 안에서 당신이 찾아지지 않으면 그 어떤 존재의 이유조차 갖지 못할 모든 것들을 이제 내려놓고자 합니다.

수도 없이 당신을 모른다 하며 살아온 지난 시간들, 오히려 당신은 아무것도 묻지도 않으시니 더 많은 눈물로 회개하고 무릎을 꿇습니다.

주님,

세월의 바람결 따라, 그 바람을 이끄시는 당신의 숨결 따라 흘러 흘러 결국 다시 이 자리에 오게 하셨으니 고맙습니다.

또 하나의 촛불을 켜며 기도를 이어 갑니다.

주님,

더욱더 엎디어 절하나이다.

세상의 모든 것을 주관하시는 주님,

저는 당신 안에서 오늘 아침 다시 태어납니다.

하느님께서 맨 처음 세상을 창조하실 때처럼

육신으로 제가 처음 태어났을 때 저 또한 말씀 하나로 창조되었습니다.

그러나 저를 다시 창조하실 때는 저와 함께 기뻐하셨고, 저와 함께 수없이 고통을 받으셨으며 당신이 제 안에서 죽으셨습니다. 당신의 죽음의 힘은 사랑과 거룩한 인내였습니다.

좋은 몫을 주신 주님,

제가 당신을 선택한 것이 아니라 당신이 저를 선택했다 하신 주님,

이제 눈물을 씻고 당신 앞에 엎드린 저의 청을 들어주소서.

얼마 동안인지 모를 남은 생의 시간들, 겸허히 살아갈 수 있도록,

넘치지도 부족하지도 않을 정도의 힘만을 청합니다.

항상 그만큼만 살아갈 수 있는 열정을 주시고,

불필요한 욕망과 열기는 절제의 지혜로 피하게 해 주소서.

그로부터 흘러나오는 겸손과 간절함이 저의 온 하루를 지배하게 하시고, 초조함 없이 인생의 저녁노을을 기다리게 하소서.

시간이 흐르면

아름다움을 갖춘 사람 곁에 말없이 서 있는 나무처럼,

당신께 뿌리를 둔 아름다운 고목나무가 되기를 저는 희망합니다.

당신께 온전히 녹아들어,

당신께서 만드신 아름다운 숲을 이루는 그저 하나의 나무가 되게 하소서.

모든 것을 소유하려 했으나 아무것도 가질 수 없는 빈손이었음을 이제야 고백합니다.

당신을 소유하면 모든 것을 소유함을 알기에 당신께 녹아들고자 하나이다.

새벽녘

생애 처음으로 드리는 이 마음과 정성을 받아 주소서.

언젠가 저의 숨이 다하는 순간,

당신을 조금이라도 닮아 살고자 했던 품위와 삶의 흔적이 저의 뒷모습이 되게 해 주소서.

이제 어둠 속에 쌓인 제대에 초를 밝히며 엎드려 기도합니다.
주님,
결국 당신 계시는 감실 앞에까지 나왔습니다.
이곳에 오기 위해 저 멀리에서부터 눈물로 회개하며 걸어왔습니다.
저는 당신의 종, 당신 집의 일꾼, 성당지기일 뿐입니다.
이제 저를 위해서가 아니라 당신이 걱정하셨던 이 세상에 남겨진 이들을 위해 기도합니다.
제자들에게 호수 위를 걸어 당신을 만나러 오라 하신 주님,
인생이라는 호수 위를 지나가는 그들을 살피소서.
그들이 건너가야 할 그곳은 낯설고 두려운 곳입니다.
강물은 깊고, 그 속은 보이지도 않으며, 바람도 잔잔하지 않습니다.
그곳은 한 번도 건너 보지 못한 곳이고,

그들 혼자 힘으로는 이겨 낼 수 없는 곳입니다.

때론 감당할 수 있는 무게보다 더 큰 인생의 짐을 메고 건너야 할 때도 있을 것입니다.

하지만

세상을 이기신 유일한 분,

풍랑마저도 말씀 하나로 잠재우신 분,

그들의 손을 잡아 주시어 함께 건너가 주소서.

주님,

매일 아침, 아직 한 번도 살아 본 적이 없는 세상을 향해 떠나는 성당의 신자들을 축복해 주소서.

그들의 호흡을 언제나 흐트러지지 않게 가지런히 만드시고,

마음속에 들려오는 작은 이기심과 유혹에도

흔들림 없이 당신의 자리를 지켜 낼 수 있도록

용기와 지혜를 주소서.

당신처럼 광야에 홀로 남겨져 외로울 때,

배고픔과 허기진 욕심을 채우려는 유혹의 때,

내일에 대한 불안감과 걱정거리로 잠 못 드는 때,

교만과 자만심의 유혹의 때,

마음의 갈등과 번잡함이 생겨날 때에

그들의 마음을 감실 앞에 홀로 머물게 해 주소서.

오늘 하루가

다시는 돌아오지 않는 인생의 마지막 한 페이지임을 기억하게 하시어, 어제의 감정, 남루한 미움과 열등의식, 실패했던 기억의 옷을 벗어 버리게 하소서.

너무 기뻐서 교만에 빠지지 않게, 너무 슬퍼 절망에까지 이르지 않게 해 주시고, 모든 것은 다 지나가는 것임을 알고 붙잡지 않을 용기도 주소서.

그 용기로 소유한 것들의 척도를 가늠하여, 모든 것들이 잠시 그들 손을 거쳐 가는 것일 뿐임을 알게 하소서.

부질없고 가벼운 인연에 머물러 당신을 보지 못하는 어리석음에 빠지지 않게 하시고, 길을 걷는 그들을 일으켜 세워 줄 수 있는 당신의 천사들도 만나게 해 주소서.

주님,

이 사람들이, 당신께서 그들을 이 세상에 내어 놓으신 이유를 찾아

삶의 경건함을 마음속에 품고 하느님을 경외하며 늘 조

심스럽게 인생의 발걸음을 옮기도록 이끌어 주소서.

고요함과 평화가 내내 함께하기를 청하며 오늘도 그들과 그들의 가족들을 당신께 맡깁니다.

아무 소리도 들리지 않고 아무것도 보이지 않는 곳에서 기도를 마무리하고 성당을 나옵니다. 기도가 끝나고 나면 성당에 잔잔한 성가가 흘러나오게 합니다. 근처 교회 새벽 예배 오셨던 분들이 하나둘씩 집으로 돌아가는 모습들도 눈에 띄고 잠시 후면 늘 그래왔던 것처럼, 이곳 성당 앞마당에도 신자분들 모습이 한 분 두 분 보이기 시작합니다.

아파트에 둘러싸인 가건물 성당이지만, 시골에서 살던 경험을 살려 꽤 넓은 텃밭을 만들었습니다. 그곳에서 양파, 고추, 옥수수, 여름에는 수박과 참외, 심지어 겨울 김장용 배추도 재배하고, 여러 마리 닭까지 키웁니다. 성당 주변 도로에서 내려다보면 아침 일찍 부지런히 벌레와 채소를 먹고 있는 닭들도, 수박과 참외, 옥수수가 주렁주렁 열려 있는 모습도 볼 수 있습니다. 이곳을 떠나기 전에는 성당 주변에 사과며 감, 무화과나무 등 과실수를 심어서 작은 과수원을 만들어 놓을 생각입니다. 몇 년 후에는 제가 없더라도 성당 전체를 둘러싸고 있는 과일 열매를 모두가 볼 수 있을 것입니다. 콘크리트와 아스팔트에 익숙한 초등부 아이들을 위한 것이었는데, 이제는 지나가는 모든 이를 위한 작은 마음의 휴식처가 되었습니다. 아파트 문화가 주는 삭막함은 흙과 열매들이 주는 시각적 풍성함으로 중화되고 어느덧 사람의 마음도 여유롭게 한다는 것을 체험했기 때문입니다. 아침이면 그곳에 풀 매러 오신 분도 있고, 출근 전 주변 화단과 꽃을 가꾸러 오신 분도 있습니다. 또 성모상과 그 앞 작은 연못을 청소하고 물고기 밥을 주러 오신 분이 있는가 하면, 성당 근처 병원에 입원했던 환자들이 심심치 않게 기도하러 오기도 합니다. 서로 눈으로 아침 인사를 하고 성당 내부, 외부에서 각자 역할들을 한 후 조용히 집으로 돌아가십니다. 간혹 제가 연수나 피정 때문에 본당을 며칠 비웠다가 오랜만에 새벽에 만나게 되면, 직접 인사를 건네러 찾아오셔서 그동안 당신들이 무슨 일을 했는지 자랑을 하십니다. 그리고 또 다시 일상의 자리로 돌아갑니다. 누가 시켜서도 아니고, 처음부터 그랬던 것도 아닙니다. 그냥 그렇게 하다 보니, 어느덧 일상생활이 되어 버렸고 지금의 모습이 되었습니다.

이렇게 아침 일찍 성당 불을 켜고 새벽 기도를 시작하게 된 몇 가지 계기가 있었습니다. 성당 옆 좌우측으로 잡초가 우거진 큰 공터들이 있습니다. 밤이 되면 인적이 없고 컴컴해지는지라, 새벽 미사를 준비하러 오시는 제대 봉사자 자매님들에게는 이 인적 드문 컴컴한 길이 약간 두려웠나 봅니다. 어느 날, 멀리서 환하게 불이 켜져 있는 성당이 보이면 무섭지 않더라는 말을 듣게 되었습니다. 새벽 미사가 있는 날, 성당 외부에 불을 환하게 켜 놓고, 뒤편 사제석에서 작은 전등 하나 의지하며 기도를 드리고 있으면 한쪽에서는 그날 담당 제대 회원이 조용히 미사를 준비합니다. 새벽 5시도 안 되었지만, 성당 안은 미사를 준비하는 분주한 손길이 고요와 침묵 안에서 조화를 이룹니다. 그러던 어느 날 눈을 들어 보니 어둠 속 성당에 앉아 기도하는 신자들의 뒷모습이 눈에 띄게 많아졌음을 보게 되었습니다.

또 하나는 1년 365일 하루도 변함없이 새벽 4시 반에 성당에서 기도하고 일터로 떠나시는 어떤 자매를 위해서였습니다. 그분에게는 명절도 휴일도 없습니다. 신자지만 부활에도 성탄에도 하는 일은 변함이 없습니다. 사실 그분은 성당에 오지 못합니다. 성당 뒤편, 50미터도 안 되는 바로 옆 아파트 베란다에서 불 켜진 성당을 바라보며 기도하고 일터로 떠납니다. 그리고 그 일터는 10년째 코마 상태로 누워 있는 아들을 간호하는 병원 병실입니다. 아침부터 밤까지는 자매님이 아들 곁에서 간호를 하고, 밤에는 퇴근하는 형제님이 다음 날 아침 자매님이 오실 때까지 아들 곁을 지킵니다. 그리고 자매님은 밤늦게 돌아와서 다음 날 아들에게 필요한 음식과 병원에서 필요한 것들을 준비하고(호스를 통해 코로 직접 음식을 주입해야 하기에 아들을 위한 음식은 손이 많이 간다고 합니다) 새벽에 다시 병원으로 떠납니다. 24시간, 1년 365일, 그렇게 10년을 보내고 있었습니다. 그들에게는 아들이 있는 병원이 바로 그들의 집이 되었고, 삶의 시작과 끝이 진행되고 있는 곳이었습니다. 사정상 자주 병원을 옮겨야 했기에 병원 옮기는 날이 이사 날이고, 다시 그곳에 적응하면 일상생활은 반복됩니다. 하지만 그분들을 만날 때마다 저보다 더 기쁘고 행복한 모습으로 반겨 주시는 모습에 오히려 무안할 때가 많았습니다. 작년에는 갑자기 일이 생겨 아들을 데리고 집으로 와서 며칠을 지내다 간 적이 있었습니다. 집을 떠난 지 9년 반이었습니다. 한 달에 한 번 있는 병자 방문을 갔을 때 아들도 깨끗이 목욕시키고 방 청소를 깔끔하게 해 놓고 기다리시는 자매님을 보니 그날은 왠지 저 또한 그 장소가 낯설기도 했습니다(본당 신자들을 위한 저의 병자 방문은 두 가지 방식입니다. 하나는 성체를 모시고 가는 정기 병자 방문이고, 또 하나는 불시에, 소위 번개 방문이라고 불리는, 옆집 드나들듯 그냥 반찬과 먹을거리 주섬주섬 챙겨서 가는 방문인데, 두 번째 방식이 더 많습니다). 갑자기 쓰러진 아들을 데리고 병원으로 떠났다가 오랜만에 집으로 돌아온 부부도 9년 반 만에 한 식탁에서 서로 마주 앉아 식사를 했고, 아들 곁에서 오랜만에 함께 잠을 잤다고 합니다. 제게 보여 준 아들의 방에는 예전의 가구며 집기들이 9년 반 동안 변함없이 자리를 지키고 있었습니다. 방은 비어 있었지만, 늘 함께 생활한다는 마음으로, 그리고 언젠가는 돌아올 것이라는 엄마의 간절함과 희망이 묻어 있었습니다. 자매님은 여전히 웃으면서 이것저것 사는 이야기들을 가볍게 들려줍니다.

행복… 모두가 꿈꾸고 바라는 것이기에 애써 그것을

위해 우리는 그토록 삶의 수고를 아끼지 않습니다. 하지만 막상 우리에게 행복할 수 있는 조건이 다 채워져도 기대했던 만큼의 행복감을 느끼지 못하는 경우가 많습니다. 그렇다면 진정 우리가 바라는 행복이 무엇인지, 그것을 위한 우리의 선택의 여정이 과연 올바른지 묻지 않을 수 없습니다. 어쩌면 지금 우리는 이미 다 가졌음에도 반대로 그 가치를 잃어 가고 있기에 행복하지 않을 수도 있습니다. 그 부부의 모습을 통해 오히려 많은 것을 또 배웁니다. 병원에서 10년을 보낸 서른세 살의 의식 없는 아들에게 '아들! 이제 보니 너도 예전보다 많이 늙었네?'라고 농담했다는 그 자매님의 얼굴에서도 세월의 흔적을 봅니다. 세월은 누워 있는 아들도 늙게 하고 엄마도 늙게 했지만, 그들의 마음과 영혼만은 세월을 거슬러 가는 것처럼 맑고 깨끗했습니다. 모든 이들이 누리는 평범한 삶, 그 일상생활을 누리지 못함과 그 누리지 못함에 대한 투정의 기회마저도 그 부부에게는 없었지만 늘 감사하고 사는 모습에 그저 부끄럽기만 했습니다. 어떤 이들은 하늘나라가 그들의 것이라고 말하지만, 그 말이 끝나는 빈자리에 그들이 거쳐야 하는 인고의 시간은 그들에게 고통 자체일 것입니다. 그럼에도 그분들의 영혼은 맑고 순수했습니다.

 매일 새벽, 병원을 향해 떠나시는 그 자매님에게 드릴 수 있는 선물이 무엇일까 고민도 해 보고 이리저리 궁리도 해 보았지만, 그리 영리하지 못한 제 머리로는 한계가 있었습니다. 그러다가 어느 날 그 자매님이 자신의 상황 때문에 주일 저녁 미사만 참석할 수밖에 없어서 매일 미사에 다니는 이들이 가끔은 많이 부럽다는 말을 지나가듯 하셨습니다. 그러면서 새벽에 성당에 불이 켜 있으면 하루를 살아갈 수 있는 선물을 받은 것처럼 기뻐서 아침 기도를 하며 떠난다는 자매님의 말이 떠올랐습니다. 그래서 그분을 매일 아침 기도에 초대하기로 마음먹었습니다. 항상 잠이 부족한 분이니, 성당까지 오게 할 수는 없고, 제가 아침 기도를 좀 더 일찍 하면 모든 게 해결되는 것이었습니다. 그래서 새벽 4시 반에 저는 성당에서 아침 기도를, 그리고 그분은 불 켜진 성당을 바라보며 베란다에서 기도를 드리면서 하루를 시작하게 되었던 것입니다. 이제는 간혹 성당 불을 켜지 못하면 제가 늦잠을 자고 있다는 것을 이 성당에서 가장 먼저 아는 분이 되었습니다.

 이 일을 계기로 저 또한 많은 생각을 하며 사목을 하게 되었습니다. 사제란 어떤 존재여야 할까? 여러 이유가 있을 것이고, 사제마다 다르게 느끼겠지만, 적어도 저에게 사제란, 그리고 그의 사목이란, 지금까지 어렴풋이 스스로 당위성을 부여했던 것처럼 많은 신자들만을 위해 존재하는 것이 아니라는 것이었습니다. 그의 존재와 그의 사목적 일은 때론 단 한 사람의 신자를 위한 것일 수도 있어야 함을 깨달았습니다. 모든 이를 위해 파견되고 존재해야 하지만, 그 모든 이는 바로 예수님의 손길이 필요한 한 사람일 수도 있어야 했습니다. 그럴 수 있기 위해서는 근본적으로 신자들을 위한 존재가 아니라 바로 예수님을 위한 존재여야 했고, 신자들에게 종속되는 것이 아니라, 예수님에게 종속되었을 때에 진정으로 사목의 자유와 동기 부여가 되는 것이었습니다. 신자 숫자의 많고 적음을 떠난 진정 자유로운 사목은 바로 그곳에서 흘러나옴을 알게 되었습니다. 사목적 일의 결과물과 열매들을 예수님의 시간과 그분의 때에 맡길 수 있는 것은 인간적 논리로는 이해할 수 없는 예수님의 방법이었습니다. 그것을 알아 갈 때쯤 저의 새벽 기도는 더욱더 깊어지고 자유로워졌습니다. 예전 유학 시절, 아침 기도에 항상 먼저 나와 계시던 제 옆자리 할아버지 신부님께 농담으로 물었던 기억이 있습니다. 그때는 밤늦게까지 공부했다는 핑계로 저는 가끔 늦기도 했었지요. 제가 늦게 올 때면 그분은 항상 제 기도서를 책상 위에 올려놓고 당신 혼자 기도를 시작하고 계셨습니다. "신부님께서는 피곤도 안 하세요? 저는 아침에 나오는 게 이렇게 힘든데…. 저도 신부님 나이가 되면 아침잠이 없어질까요?" 그 노신부님이 대답하셨습니다. "내 나이가 되면? 하하… 나도 지금도 힘들어… 그런데 대신 자유로워져…."

오늘도 일어나서 성당에 촛불 하나 밝히러 갑니다. 잠시 후 출근하는 신자분들로 성당은 하나둘 어느덧 가득 채워질 것입니다. 이제는 모두가 가장 먼저 감실 앞으로 가서 무릎을 꿇고 기도하고 각자 자리로 돌아가 아침 묵상을 하는 모습이 너무나 자연스럽습니다. 사실 신자들 사이에서 성당 감실 앞에까지 와서 무릎 꿇고 기도한다는 것이 유난히 별난 것처럼 여겨질 수도 있지만, 적어도 이곳에서는 너무나도 자연스럽고 모두가 몸에 맞는 옷을 입은 듯이 그렇게 되었습니다. 점점 무언의 변화가 이루어지는 듯합니다. 이제 모든 이가 주님을 만날 수 있도록 새벽 성당 문을 여는 것은 저의 몫이 되었고, 자신의 주님을 만나는 것은 그들의 몫이 되었습니다. 지난 시간을 돌이켜 보니, 인간적 의도와 계획과는 전혀 상관없는 일들이 진행되고 있었습니다. 새벽녘 촛불을 밝히는 이와 새벽에 일터로 떠나는 그 자매, 그리고 감실 앞으로 기도하러 나오는 신자들 모두가 하느님의 알 수 없는 밑그림에 참여하고 있는 것 같습니다.

광야로 떠나는
작은 시도…

 삶, 신앙의 성숙함은 시간이 주는 익숙함에서 오지 않습니다. 감실 앞으로 점점 나오기 시작하는 신자들을 보며 작은 기적이 이루어지는 것 같아 기쁘면서도 왠지 아직도 무엇인가 남아 있는 듯한 느낌이 들었습니다. 그 낯선 느낌은 어느 날 기도 중에 성경 안의 예수님의 말씀으로 확인되었습니다.
 "군중을 보시고 가엾은 마음이 드셨다. 그들이 목자 없는 양들처럼…"
 예수님의 기적은 당신 앞에 모여든 사람들에 대한 사랑의 감정과 공감에서 비롯되었습니다. 어렵사리 용기를 내서 찾아온 이들을 아무것도 묻지 않고 반가이 받아들이셨고, 오늘도 당신을 찾아 감실 앞에 모여든 이들을 위해 분명 기적을 시작하셨을 것입니다. 감실 앞으로 모여든 사람들은 다양했습니다. 2000년 전 예수님을 찾아왔던 군중처럼 그들의 인생사만큼 다양한 이유가 그들을 감실 앞으로 이끌었을 것입니다. 사회나 종교 단체에서 봉사에 전념하는 분도 계셨고, 조용히 매일 미사만 나오는 분도, 때론 일주일에 한 번 미사만 참석하는 평범한 신자분도 있었습니다. 심지어 소문을 듣고 온 냉담자도, 전혀 한 번도 보지 못한 얼굴들도 눈에 띄었습니다. 사실 감실 앞에 나온 이들 모두가 무엇인가에 갈증을 느끼고 있었고, 삶과 신앙의 내적 깊이를 찾고 있음을 그들 발걸음 자체로 고백하고 있었습니다. 어쩌면 우리 모두가 같은 모습일 것입니다. 살아온 인생의 시간만큼, 오랜 신앙생활을 해 온 만큼, 그만큼 비례하거나 그 이상 당연히 내 안이 깊어지고 채워졌을 것이라 여겼지만, 어느 순간 발견한 자신의 모습은 오히려 우리 스스로를 당황스럽게 합니다. 지나온 인생의 시간은 우리에게 삶이든 신앙이든 익숙함을 주었을지는 몰라도 성숙함을 주지는 않았던 것입니다. 우리는 자신 안의 깊은 텅 빈 우물을 발견하고 갈

증을 느끼며 목말라하기에 때론, 그래서 여전히 '새로움'으로 포장된 자극적이고 흥미로운 것을 찾아 헤맸는지도 모릅니다.

  세상은 자신만큼 보입니다. 아픈 만큼 보이고, 사랑한 만큼 보입니다. 아프고 상처 입은 사람은 그 상처에 매몰된 만큼 세상을 보고, 행복한 사람은 그가 소유한 행복의 눈으로, 사랑을 가득 품은 사람은 그 만큼의 세상이 보이고 세상을 살아냅니다. 종교적인 의미로만 국한시키지 않더라도 삶은 영성을 기초로 하고, 영성은 삶을 만들어 냅니다. 삶과 영성을 이끄는 의식의 평형 감각의 상실은 흐트러진 세상 속에 묻혀 자신과의 진정한 관계를 잃어버리게 합니다. 인생의 다양한 경험은 삶의 노련함을 줄 수 있을지는 모르지만, 그것이 자신의 순수 영성과 단절된다면 자신의 몸에서 무엇이 나오는지, 무엇이 생성되어 세상과 이웃에게 전파되는지, 그리고 그것이 어떻게 자신을 만들어 가는지를 간과하는 것입니다. 자신에 대한 아주 미세한 진동의 유기적인 관찰자가 되지 못하면 아이러니하게도 다 갖춘 이가 오히려 아무것도 없는 광야를 갈망하게 되는 것입니다.

삶, 영성의 진정한 출발은 광야를 걷는 것입니다. 그곳은 이제까지 우리를 방해했던 수많은 인생의 먼지로부터 해방되는 곳입니다. 그곳에서만이 우리 자신의 영과 그분의 영이 만날 수 있습니다. 광야로 가고자 하는 이들은 그곳에서 40일, 이스라엘 백성의 40년을 온전히 맛보고 느낄 것입니다. '40'이라는 숫자는 단순한 숫자의 의미가 아니라 한 세대, 인간이 지상에서 머물 수 있는 인생의 시간을 뜻합니다. 한 인간의 시작과 끝, 탄생, 성장, 그 안에서의 유혹과 번민, 인생의 사계절, 희로애락, 깨달음과 재탄생, 그리고 마지막 죽음까지의 과정을 거치는 인간이 머물 수 있는 인생의 시간을 의미합니다. 광야라는 장소와 '40'이라는 시간적 의미는 그 안에서 하느님을 만나고 진정한 내 자신과 마주하는 시공의 의미가 있는 곳이자, '회개'를 넘어서 '회심'이 이루어지는 곳입니다. 감실 앞에서 광야로 떠나는 우리 자신의 모습은 예수님 앞에 서 있는 그 예선 '사마리아 여인'과 닮아 있습니다. 다행스럽게도 우리는 혼자가 아니라, 그분과 함께입니다. 인생의 수많은 바람에 흔들리지만, 어디에 의지하고 어떤 갈림길을 선택하는가에 따라 나머지 인생의 시간은 달리 다가

올 것입니다. 감실 앞에 모여든 이들은 익숙함을 넘어서서 적어도 이러한 삶, 신앙에 대한 본질적인 질문을 통해 새롭게 태어나기 위해 모인 사람들이었습니다.

어떠한 이유에서든 신은 인간을 당신에게 오게 하십니다. 사람은 저마다의 때와 상황이 다를 뿐, 모두가 한 번쯤 그곳을 지나 그분을 만나게 될 것입니다. 그 앞에 서기까지 인간은 저마다의 희생을 치르기도 합니다. 그러나 사람마다 각자의 때가 되어 막상 그분 앞에 마주 서게 되어도 여전히 어설프고 낯섦을 느낄 것입니다. 왜냐하면 그분을 만나거나 대화하는 방법도 모르고 있었으며, 사실 그런 것을 배워 본 적이 없기 때문입니다. 인생의 시간이 주는 익숙함에 비해 그동안 내 인생의 또 한편에서 채워지지 않았던 가난함은 오히려 그분에 대해 우리가 아무것도 모르고 있었음을 고백하고 있는 것입니다. 그러니 이제는 그분을 아는 것이 중요했습니다. 좋은 인생 경험을 쌓고, 기회가 될 때마다 좋은 강의나 피정도 해 보며 여기저기 찾아보지만, 우리는 여전히 자신답지 못한 것을 내어 놓고 있습니다. 내가 직접 그분을 만나고 듣기보다 그 누군가가 그분에 대해 해 주는 설명만 듣고 다녔기 때문입니다. 직접 만나지 못한다면 광야의 시간도 장소도 아무 의미도 찾지 못할 것이며, 우리는 그곳에서조차 여전히 찾아 헤매고 다닐 것입니다. 이제야 감실 앞에 모여든 사람들의 뒷모습에서 느꼈던 낯선 아쉬움의 정체가 풀렸고, 사람들에 대한 예수님의 마음이 전달되었습니다.

 그래서 가르치는 것을 그만두었습니다. 그리고 그들과 함께 찾아가기로 했습니다. 만일 그분에 대해 가르쳐 준다면 그들은 여전히 예수님에 대해서 설명만을 들을 것이기 때문입니다. 한편으로 저 또한 그분을 찾아온 군중의 한 사람이었기 때문입니다. 예수님을 찾아온 수천 명의 사람들은 빵을 얻기 위해 온 것이 아니기에 예수님을 알게 하는 방법도 그분의 것을 따라야 했습니다. 그래서 기존의 여기저기 나가던 모든 강의를 그만두고 저 또한 그들과 함께 알아가기로 했습니다. 그것은 함께 광야로 떠나는 길이었고 그곳에서 성전을 짓는 일이었습니다. 광야는 말이 아니라 말씀을 듣는 곳이고, 성전은 건물이 아니라 가장 먼저 그분, 그리고 그분을 따르는 사람들을 말씀으로 세우는 일이었습니다.

우선 말씀 공부부터 함께 시작했습니다. 그것도 매주 월요일 밤, 사제에게는 휴식을 취하고 가끔은 늦잠도 좀 자며 여유를 부릴 수 있는 유일하게 쉬는 날이지만, 본당 일정상 그 시간밖에 없었기에 저부터 봉헌하기로 했습니다. 새벽 미사가 끝나고 잠시 쉬었다가 하루 종일 강의 준비며 음식 준비를 합니다. 시간 단위로, 때론 분 단위로 바삐 움직이며 하루 종일 말씀 공부를 위한 밤을 준비하면서도 행사를 위한 행사가 되어 신자들에게 신앙적인 피곤함을 주지 않을까 매번 마음을 졸였습니다. 본당의 특성상 퇴근 후에 오시는 분들이 많았고 맞벌이 부부도 많았습니다. 새벽 기도에 나오시는 분들은 일찍 일어나서 준비하고 나와야 했을 것이고, 그렇게 시작된 하루는 성당으로 다시 모이는 저녁까지 이어졌을 것입니다. 기쁘게 올 때도 있겠지만 하루 종일 세상에서 버티고 어깨 위에 짐을 지느라 정신적·영적 피곤함과 고갈 상태에서 오는 이들도 있을 것입니다. 성당 입구를 들어서는 사람들은 각자의 사연들을 안고 옵니다. 인생의 한 고비를 넘어서서 그나마 여유를 가지고 오는 이도 있는가 하면, 그 고비를 넘어가기 위해서 희망을 찾으러 오는 이들도 있을 것이고, 의무감에서, 혹은 다양한 이유로 오는 이들도 있겠지만, 분명한 것은 모두가 그 무엇인가를 찾아오는 사람들이라는 것입니다. 그들에게 신자로서의 '의무'가 아니라 예수님의 '말씀'을 통한 '위로'를 얻는 시간이 되었으면 했습니다. 그래서 저녁 식사도 못하고 퇴근 후 바로 오는 이들을 위해 만찬은 아니더라도 저녁 식사를 준비하기 시작했습니다. 김밥, 국수 등과 계절별로 요리 몇 가지를 준비해서 함께 허기진 배를 채우고 한 주간 마음속에 품고 살아갈 수 있는 말씀을 간단하게나마 함께 찾았습니다. 무더운 여름날에는 땀을 흘리며 100여 명의 신자들의 상을 차렸고, 겨울에는 성당 입구 화목 난로 위에 국을 덥히고 먹거리를 준비했습니다. 퇴근 시간이 되면 하나둘씩 모여들어 자리를 잡고 웃음꽃을 피우며 각자의 음식을 먹는 그들 사이로 저는 앞치마를 두르고 음식을 더 덜어 주느라 시간 가는 줄을 몰랐습니다. 말씀 공부, 성경 공부 시간은 우스갯소리로 '우리는 저녁 식사하러 모인다' 할 정도로 식사 시간이 절반, 공부 시간이 절반이었습니다. 그래도 그 모습이 너무나 좋았습니다. 한편으로 함께 준비해 준 봉사자들에게 항상 고맙고 미안했습니다.

가만히 앉아 있지 않고 옷에 음식물을 묻히며 신자들 속으로 들어간 본당 신부 때문에 그들도 더 바삐 움직여야 했으니, 따로 챙기지 못함에 늘 미안했습니다.

함께 걷는 동안 참 많이도 찾았고, 모두의 성전을 지었습니다. '하느님께서 사람에게 이름을 지어 주시고 그를 불러 당신의 말씀을 전해 주셨다'는 토라, 모세 오경의 진정한 의미도, '사람은 제 길의 주인이 아니라는 것'도, 우리에게 먹을 것과 입을 것이 있으면 그것으로 만족할 줄도 알아야 하며, 하루 고생은 그날 겪는 것만으로 충분하기에 해결될 수 있는 일도, 해결할 수 없는 일에 대한 고민도 그날 밤 하느님 안에서 멈추어야 함도 알았습니다. '인생의 날수를 셀 줄 아는 이가 가장 지혜로운 사람'이라는 것도, 그래서 '만나 뵐 수 있을 때 주님을 찾아야 하는 것'도, '우리가 늙어 가도 하느님은 항상 한결같고, 우리가 백발이 되어도 그분은 우리를 업고 가는 것을, 당신이 만들었으니 당신께서 안고 가시겠다는 그분의 마음' 또한 찾았습니다. 또한 예수님의 십자가의 길과 더불어 그 곁을 지키신 성모님의 십자가의 길도 찾았습니다. 그리고 그날그날의 복음과 전례까지 함께 성전을 지었습니다. 저도 짓고, 그들도 지었습니다. 함께 찾고 지었지만 그 무엇도 강요하지 않았습니다. 무엇을 얻기 위해서 성당으로 오라고도 하지 않았고, 공부했으니 당연히 그만큼의 것을 간직해야 한다는 당위성의 요구도 버렸습니다. 세상으로부터 강요와 의무를 요구받는 그들에게 말씀으로 세상의 길을 잘 식별하고 걸어가도록 함께 찾고 위로와 용기를 주는 것이 교회의 몫이고, 이제 그들은 그들의 몫을 살아 내기를 기도할 뿐입니다.

어느 정도 익숙해질 때쯤 바쁜 와중에도 다 함께 책을 읽고 나누기 시작했습니다. 그분과의 정신적 교감과 영혼의 공감대를 유지하며 살기 위해 모두가 바쁜 와중에도 신심 서적 읽기를 시작해 보았습니다. 우리 모두는 기술의 혜택을 마음껏 누리며 살지만 반면 예전보다 더 조급하고 가난해져 있음을 압니다. 생활이 편리해지는 도구들도, 좋은 말들과 삶에 유익한 이야기들은 넘쳐났지만, 결코 우리 마음에 남지도 않고 오히려 단순한 정보의 수준과 그것마저도 소유와 속도라는 또 다른 경쟁에 묻혀 버린 것입니다. 그것을 구별해 내기 위해 이제 천천히 종이로 된 책들을 읽어 나가기 시작했습니다. 신심 서적, 영적 독서를 읽어 줄 봉사자들 18명을 기도 안에서 연령대 별로 선별하고, 매달 한 권씩 선정해 주어 읽게 하고 서평 작성을 부탁드렸습니다. 그리고 독후감 형식의 서평을 주보 간지에 넣어 모두에게 소개하고 작은 도서관을 만들어 책을 비치했습니다. 그렇게 기나긴 인고의 시간을 거쳐서 모인 책이 드디어 240권이나 되었습니다. 신심 서적 서평 봉사에 참여한 신자들은 누군가의 아내이자 어머니로, 직장에서 사회에서, 그리고 신자로서 평범하게 살며 지금도 바쁘게 살아온 분들이었고 단 한 번도 스스로를 위해서나 그 누군가를 위해서 글을 써 본 적이 없는 분들이었습니다. 하지만 서로를 위한 기도 덕분이었는지 용기를 내어 주방에서 설거지하던 손으로 밤마다 책을 펼치고 주어진 신심 서적을 읽고 또 읽으며 글을 써 내려갔습니다. 그들은 자신들이 살아온 시간이 가져다준 연륜과 경험을 살려 내고, 그것으로는 당연히 부족하기에 수 없이 기도하면서 예수님을 찾고, 그 안에서 글을 작성하기 시작했습니다. 투박하고 서투른 글솜씨들이 시간이 흐를수록 점점 아름다워지고 단어와 문장 속에 각자의 영혼

이 깃들어 갔습니다. 각자가 봉사를 넘어서 봉헌을 한 것입니다. 스스로에게 위로나 만족을 주거나 한편으로 강요된 봉사가 아니라 그것을 뛰어넘어 모두가 자신을 이겨내고 성숙해 가는 과정을 거치는 각자의 봉헌에 참여한 것이었습니다. 그렇게 해서 아름다운 이름을 가진 240권의 신심 서적 '서평집'이 탄생하게 되었습니다. 모두가 어려울 것이라고 여겼던 일이 하나씩 완성 되어 가는 동안 그분들 덕분에 책을 읽기 시작한 분들이 감실 앞으로 더 많이 나오는 모습을 보게 되었습니다. 지난 긴 시간 동안 또 다른 기적의 모습을 공동체에서 보게 된 것입니다. 개인적 성향과 각자가 걸쳐 입은 삶의 옷은 제각각이었지만, 가슴도 따뜻해지고 꿈을 품은 사람들이 되어 갔습니다. 비록 주어진 삶의 자리에서 바삐 사느라 크게 벗어나지 못하지만 많은 곳을 여행한 사람들처럼 여유와 웃음이 깃든 모습도 보였습니다. 평범한 말이 그들 안에서 내적으로 정화되어 점점 말씀을 닮아 갔고, 그들이 찾는 분과의 인격적인 소통의 시작은 이제는 만나는 모든 사람들에게 생명의 가능성들을 보여 주기 시작했습니다. 각자의 자리에서 일상을 관찰하고 사물들을 새로운 관점으로 바라보는 시도가 과감하게 이루어졌고, 지식만 쌓이는 것이 아니라 영적 도서이기에 인간의 어리석음도 깨닫게 되고 자신들을 포함한 주변의 모든 존재의 본질적 '식별'을 위해 자신과의 내적 싸움도 하고 있음을 보게 되었습니다. 어느덧 매달 한 번씩 소개되는 책들이 기다려지고 인생과 신앙을 이야기하는 지혜 문학의 분위기가 책을 읽는 공동체 안에서 형성되었습니다. 점점 예수님에 의해 초대받은 사람들이 많아졌고 아주 작은 빛이 어둠 속에 피져 나가 점점 밝아지듯 그렇게 자연스럽게 서로가 서로를 비추기 시작했습니다.

거기에 용기를 얻어 이제 본당 안의 200여 명의 레지오 단원들의 단장들, 11개의 구역장, 26개의 단체장들에게 매주, 매달 회합 때마다 영적 훈화를 맡겼습니다. 지금까지는 신부님이나 수녀님들에 의해서 주어지던 영적 훈화를 본인들이 책임지고 하게 되니 무던히도 힘들었을 것입니다. 나 아닌 다른 이들 앞에서 모범이 되고 빛이 되어야 한다는 것이 쉬운 일은 아닙니다. 분명 부담감을 안고 매 순간 준비했을 것이고, 스스로가 신앙인으로서 말과 행동에 책임을 져야 하기에 인간적·신앙적 성숙을 위해 엄청난 갈등 또한 느꼈을 것입니다. '성과 속'을 구별 짓지 않고 오히려 '성'을 '속'에서 살아 내는 맨 앞자리에 서 있으니 힘들었겠지만 그래도 모두가 잘들 해 주었습니다. 자신들의 일상을 관찰하고, 세상의 모든 존재와 인연들을 새롭게 바라보며 그 안에서 '뜻'을 찾는 일들을 잘해 주셨습니다. 그렇게 한 권의 예쁜 이름을 가진 훈화집도 탄생되었고, 지금도 그들은 여전히 또 다른 열매를 준비하고 있습니다.

그리고 그해 겨울부터 매년 성탄 즈음에 전 신자들과 함께 가족들에게 보내는 '손 편지'를 쓰기 시작했습니다. 편하고 익숙한 세상은 가족과 자녀들 관계의 소중함마저 익숙하게 했기에 적어도 1년에 한 번쯤은 짧은 손 편지를 통해 서로의 마음을 전해 보았습니다. 손 카드를 무료로 구입해 주고 예문도 제시하면서 모든 신자들이 참여하도록 초대했습니다. 내용도 한정했습니다. '사랑하는 아들… 딸… 사위… 며늘아기…'로 시작하여 자녀들에게 바라는 것, 부탁하고 싶은 말이 아닌, 지난 한 해 동안 가장 기억에 남는 고마운 점 한두 가지에 대한 마음을 전하고, 마지막은 부모의 기도, 자녀에게 줄 수 있는 부모의 축복으로 끝을 맺는 것이었습니다. 참 많이들 멋쩍어하면서도 서투른 표현이나마 자신들의 숨겨진 마음을 전했습니다. 아주 소소한 행동에서 고마움을 느꼈던 일들도, 미처 마음을 표현하지 못하고 지나갔던 지난 일들도 각자가 기억해 내어 적었습니다. 신자들의 가족에 대한 사랑이 담긴 1500장의 카드는 그렇게 전국으로, 그리고 바다 건너 해외까지 발송되었습니다. 얼마 지나지 않아 크리스마스카드의 기적이 나타났고 기대 이상이었습니다. 크고 작은 오해로 소원해졌던 자녀들과의 관계가 눈 녹듯 풀린 적도 있고, 서투르고 세련되지 못한 글귀지만 오히려 그 안에서 부모의 사랑을 느낀 자녀들이 울면서 전화한 경우도 있었습니다.

감실 앞에서 주님의 광야로 떠난 그들 모두는 그렇게 자신들에게 맞는 옷을 하나씩 스스로 만들어 입는 모습을 보게 되었습니다.

하느님과 당신이 만나는 자리… 기도 의자
- 나를 사랑하는 사람은 많다.
  그러나 나의 사랑을 아는 이는 적다

"무엇을 찾고 있느냐?" 요한 복음서에 처음으로 등장하는 예수님의 말씀입니다. 지금 우리 모두가 걷는 삶의 길을 이해하고 인내하며 사랑과 용기로 살아가기란 쉽지 않습니다. 그래서 많은 이들이 어제도 오늘도 여전히 그 무엇인가를 찾고 있는지도 모릅니다. 삶에 지친 이들이 여기 혹은 저기에서 찾는 것은 사실 진정한 '나의 구원자'였습니다. 살아가는 데 필요한 가장 근원적인 것들은 자신 안에 자리한 단단한 믿음과 신뢰로부터 온다는 것을 각자의 때가 되면 느끼기에 모두가 찾는 것입니다. 그러나 모두 예수님의 이름을 부르고 고백하며 살아왔지만, 실상 그분을 잘 알지 못합니다. '나자렛 예수', '33년의 짧은 삶의 여정', '3년간 공생활', '십자가 상의 죽음', '부활' 등등. 표면적인 역사는 들어서 알고 있고, 그분을 소개하는 책들과 넘쳐 나는 수많은 신앙적 정보들을 접해 보기는 했지만, 그분을 삶 속에서 만나 보지도 못했고 어떻게 만날 수 있는지 방법도 배우지 못했던 것입니다. 내 인생 길에 그분을 초대해서 가야 할 길도 식별하고, 가끔은 위로도 받고 싶지만 내가 직접 그분과 인격적인 만남도 가져 본 적 없고 그분 심연의 언저리에도 닿아 본 적이 없었으니, 그동안의 기도는 사라지는 메아리처럼 공허했던 것입니다. 우리의 기도는 각자 처한 자리에서 필요한 바람과 욕심을 채우기 위한 순간적이고 한계적인 기도였을 뿐입니다. 내가 원하는 때와 장소, 방법으로 얻어진 만족할 만한 결과물에만 감사의 마음이 열렸고, 그것도 잠시 또 다른 그 무엇인가를 얻기 위해 그분을 찾았습니다. 우리 스스로가 그분의 존재를 우리 삶의 단편들을 만족시켜 주는 존재로만 가두었는지도 모릅니다. 예수님께 의지하고 무엇인가를 바라는 행위가 자연스러운 것일 수도 있지만 아직도 끊임없이 현실적인 바람이 채워지기만을 습관처럼 염원한다면 우리는 또 다른 내적 가난함을 지닌 채 광야를 떠돌고 있는 것입니다. 시간이 지날수록 그분이 지녔던 사랑의 인내에 비해 우리의 기도는 더욱더 가난했지만 그럼에도 예수님은 우리를 탓하지 않고 기다려 주셨습니다. 그러니 이제는 예수님의 이름을 부르며 사는 우리 스스로가 물어야 했습니다. '내가 불렀던 그분은 누구인가? 나는 그분을 정말 알고 초대했었는가?'

이제는 지금껏 설명만 들었던 그분을 진정으로 알아야 했습니다. 그래서 성경 공부와 신심 서적, 영적 훈화가 자리 잡을 즈음 이제 우리가 찾는 분, 예배드리는 분을 진정으로 알기 위해, 복음서 필사를 시작했습니다. 그리고 다시 필사된 복음서 안에서 예수님께서 직접 하신 말씀, 곧 '어록'만을 따로 뽑아서 다시 필사를 했습니다. 그것은 그분을 알 수 있는 가장 효과적이고 확실한 방법이었습니다. 우리의 경험처럼, 사람의 목소리와 그가 자주 사용하는 단어만 듣더라도 그가 누구인지, 어떤 마음인지 구별해 낼 수 있듯, 예수님께서 하신 말씀들을 직접 보고 우리의 귀에 익숙해진다면 그분이 누구신지를 알 수 있음에도 정작 우리는 그 말씀들이 아닌 설명을 듣는 데 익숙했고, 또 다른 것을 통해 그분을 알고자 했던 것입니다. 함께한 필사자 모두가 지금까지 들었던 온갖 정보들을 내려놓고 각자의 기나긴 시간과 과정을 거치기 시작했습니다. 하지만 인간의 짧은 인내에 비해 그 과정을 통해서 놀라울 만큼 많은 것을 알게 해 주셨음을 곳곳에서 보게 되었습니다. 특히 예수님께서 직접 하신 말씀들을 필사하는 동안 그들은 침묵과 개인적 묵상을 점점 늘려 갔습니다. 지금까지 소홀히 지나갔던 말씀들이 그 안의 단어나 어휘, 문장의 배열들의 조합을 통해, 그리고 전후 문맥들과 더불어 '예수님 자신'으로 다가오기 시작한 것입니다. 또한 각각의 복음사가가 신앙을 고백하듯 전해 주고 싶은 예수님의 말씀들이 필사를 하는 모든 이들에게 진솔하게 전해짐을 느끼게 되었던 것입니다. 그 과정을 통해 예수님의 마음을 직접 느끼고 잠시나마 머물며 생각하게 되었고, 말씀하시는 그분이 누구시며, 더 나아가 필사자인 개별적 '나'에게 어떤 분인지, 어떻게 그분께 다가가야 하는지, 내 삶의 길 속에서 어떻게 의지해야 하는지를 점점 생각하게 되었습니다. 내 자신이 기도하고, 믿고 의지하는 예수님이 누구신지 스스로 질문하게 되는 행복한 고민과 성찰을 하게 되는 값진 시간들을 가지게 되었습니다. 말씀을 통한 성찰과 고민의 시간들은 마음 안을 어지럽히던 모든 소리들을 점점 사라지게 해 주고 예수님만 바라보게 해 줍니다(루카 9,36). 눈에 보이지 않던 말씀을 다시 찾게 된 것은 분명 우리의 노력이 아니라 그분의 초대였습니다. 그 옛날 요시아처럼 눈물로 성전을 정화시키기 시작한 것입니다. 그로 인해서 내가 원하는 것만을 바라던 청원 기도가 깊이 있게 갈망하는 진정한 '기도'가 되고, 하느님 안에서 우정을 나누는 친구로서 진실한 '대화'가 시작된 것입니다

복음서와 어록 필사를 권유하면서 저 또한 조용한 성당 뒤쪽에서 필사를 시작했습니다. 이른 아침 세상 속으로 나아갔다 피곤한 몸으로 저녁에 돌아오는 신자들에게 성경 필사가 '신앙적 강요나 피곤함으로 받아들여지지 않도록 주의를 기울였습니다. 그래서 묵묵히 어두운 성당 뒤에서 전등 하나 켜고 필사를 했더니 그 뒷모습을 보아서인지 많은 이들이 동참했습니다. 점점 자연스럽게 참여하는 이들이 늘어나 본당 신자의 절반에 가까운 분들이 복음서와 어록을 필사했습니다. 바쁜 일상생활 중에도 이렇게 공감을 하며 참여하는 그들에게 어떤

선물을 줘야 할지 고민이 되기 시작했습니다. 그러다가 생각한 것이 예수님께서 잘하셨을 법한 것을 저 또한 흉내 내 보기로 했습니다. 바로 나무로 만든 장궤틀, '기도 의자'였습니다. 아버지가 목수였으니 예수님도 어깨 너머로 배우셨을 것이고, 그분을 따라다니는 못난 이 일꾼도 그분을 흉내라도 내 보았습니다. 홍해가 갈라지는 것만 기적이 아니라, 지금껏 한 번도 성경 필사를 해 보지 않은 이들이 말씀을 필사를 하겠다고 자리에 앉아 성경을 펼치는 것도 사실 기적일 것입니다. 마치 '고해성사'를 보아야겠다는 마음을 가진 그 순간이 한 인간에게 찾아온 기적과 같은 시간이고, 그 순간이 바로 하느님 사랑 안에서 '용서'의 기적이 시작되는 것과 같습니다. 하느님과 함께 기적을 만들어 가고 있는 그들에게 고마움을 표시하기 위해 매일 조금씩 만들기 시작했습니다. 기도해 보지 않은 이가 기도 의자에 홀로 무릎을 꿇는 것 자체가 기적의 연속이 될 것이고 또한 예수님께서도 가장 기뻐하실 모습일 것이라 여기며 열심히 흉내라도 내 보았습니다. 기도 의자 하나하나를 만들 때마다 하루 일과를 끝낸 후 피곤함에도 불구하고 한 글자 한 글자 정성스럽게 성경을 필사하고 있을 그들을 생각했습니다. 재단하고 붙이고 조이고 매끄러운지 섬세하게 살피고, 매일 아침 아무도 없는 사제관 뒤 한쪽에서 무릎을 꿇고 '하느님과 당신이 만나는 자리…'라는 글귀를 정성스럽게 새겨 넣었습니다. 시간이 점점 흐르고 그렇게 매일 조금씩 성경 필사와 더불어 기도 의자 252개도 만들어져 갔습니다. 그리고 저는 그 모든 과정과 시간들에 '감사와 고마움'을 덧칠했습니다. 예수님은 사람을 참 많이 사랑하셨기에 말씀들을 남겨 놓으셨고 이제는 그 말씀들을 가지고 각자가 기도 의자로 가야 했습니다. 지금껏 그분을 사랑한다고 고백하는 이들은 많아도, 그분의 사랑을 아는 사람은 적었으며, 나 자신 또한 그들 중에 하나였음을 알게 될 것입니다. 그곳은 나그네 길을 걸으면서 세상에 대한 조급함과 불신이 신뢰 속에 인내로 바뀌는 곳이고, 그 인내가 하느님의 '거룩한 인내'를 점점 닮아 가게 해 주는 곳이었습니다. 땅만을 바라보며 사는 데 익숙한 우리들을 하늘도 바라보게 해 주고, 삶의 수많은 순간에 너무 기뻐서 교만하지도 너무 슬퍼서 절망에 이르지도 않게 해 주는 곳이었습니다. 그래서 그분의 십자가처럼 '못나서 지는 것이 아니라 사랑이 많기에 질 수 있는 놀랄 만한 용기'를 주는 곳이었습니다. 용기 있게 시작한 한 분한 분이 그저 고마웠기에, 늦게야 당신을 알아본 못난 사제의 바람을 담은 기도 의자는 그렇게 만들어졌습니다. 예수님께서도 분명 기뻐하실 것입니다. 그리고 이제 그들은 장궤틀 '하느님과 당신이 만나는 자리…'에서 각자가 하느님의 얼굴을 뵙게 될 것입니다.

"○○님께서 아버지 집으로 돌아가셨습니다." 유학 시절 간간히 임종 소식을 그렇게 전하는 것을 보게 되었습니다. 잠시 산책 나온 듯, 그리 빨리도 지나가는 인생의 시간들을 살면서 기억되지도 않을 인생의 문제들에 방황하고 때론 크고 작은 성공을 마음껏 누려 보지만 결국 가야 할 곳, 이 세상에 나왔던 문을 통해 다시 그곳으로 돌아가는 것을 보게 됩니다. 이 시간 그 어디에선가는 생명을 시작하는 숨소리가 들려오고, 같은 시간 다른 어디선가는 이 세상의 마지막 숨소리가 함께 공존하는 곳에 우리는 살고 있습니다. 삶의 전쟁 같은 긴장과 때론 지루함의 연속이 우리를 지치게 해도, 변할 수 없는 사실은 우리가 이 두 숨소리 사이에서 하루하루를 살아가는 존재들이라는 것입니다. 우리는 그저 오늘 하루, 지금 이 순간만을 살고 있는 존재들인 것입니다. 진화된 문명과 발전된 기술 덕분에 출산 예정일은 알 수 있어도 여전히 선종의 시간, 장례 예정일은 알 길이 없습니다. 고뇌와 번민에서 생기는 인생의 물음표가 삶과 죽음을 생각하는 이들에게는 보다 높은 차원에서 이해될 것이며, 그것은 하느님을 만날 때에만 가능합니다. 그 만남은 우리를 힘겹게 하고 때론 잠 못 들게 했던 인간의 '말'이 아니라 '말씀'을 품을 때 가능한 것이고, 홀로 기도 의자에 앉을 때 가능합니다. 제가 해야 할 몫은 그저 그들의 자리를 마련하고 안내하는 것이었습니다.

긴긴 예수님의 어록 필사가 끝나고, 기도 의자에서 각자의 묵상과 체험을 그들의 몫으로 남겨 놓고 다시 감실 앞에 앉았습니다. 광야로 떠났던 그 자리였습니다. 매주 두 번 마련한 '열린 성시간'에 찾아오는 이들, 퇴근길에 잠깐이라도 들러 인사하고 가는 이들도 여전히 많았습니다. 하지만 예전 감실을 찾던 그 모습이 아니었습니다. 그들이 찾아온 곳은 예전에 광야로 떠났던 곳이고, 돌이켜 보니 그곳이 광야였으며, 광야 체험을 한 후 다시 모인

곳, 같은 곳이었습니다. 조용히 기도하러 오는 신자들의 뒷모습을 보니, 예전 프랑스 유학 때 머물렀던 성당이 떠올랐습니다. 300년 이상 된 고성당의 묵직함과 온기가 배인 서늘함, 스테인드글라스를 통해 비춰지던 어둠 속 제대 위의 성경, 그리고 신자들 출퇴근 시간에 맞추어 성당 문을 열고 조용히 성무일도를 바치던 신부님들의 모습이 떠올랐습니다. 시간과 장소는 달라졌지만, 돌아다보니 그 신부님들 자리에 이제 제가 있습니다. 많은 시간이 흘러 처음 떠났던 그곳으로 다시 와 있습니다. 그분 앞에 서 있는 제 두 손은 비록 여전히 비어 있고, 그분께 드릴 것이 없었지만 마음만은 풍요롭습니다. 마치 주어진 임무를 다한 사람처럼 홀가분하게 앉아 있습니다. 몇 날 며칠을 그렇게 어깨 위에 짐을 내려놓고 가볍게 그곳을 찾던 어느 날, 문득 한 가지를 아직 다하지 못했다는 느낌이 들었습니다. 그래도 여전히 기쁜 마음으로 제가 있어야 할 그 자리를 묵묵히 지켰습니다. 그러던 어느 날 밤, 그날은 웬일인지 신자들도 늦게 오고, 홀로 물끄러미 감실을 바라보고 있을 때 그 옛날 어느 성인에게 내리셨던 말씀이 마음속에 울려 퍼졌습니다.

'애야, 이제 다 되었다. 다 되었다. 그러나 아직 한 가지가 남아 있단다. 이제는… 너의 죄를 나에게 다오.'

그 말씀이 마음을 울리는 순간 저는 다시 무릎을 꿇었습니다.

'주님, 당신의 깊이는 도대체 어디까지이며, 언제까지입니까…'
'애야, 나를 사랑하는 사람은 많다. 그러나 나의 사랑을 아는 이는 적단다.'

12。

빛바랜 9일 기도 책들

눈길 위의
두 발자국

 오래전의 일들, 아주 어렸을 때 추억들이 모두 기억에 남아 있지는 않지만, 흰 눈이 내리던 새벽에 미사를 가곤 했던 기억은 아직도 선명하게 남아 있습니다. 아주 컴컴할 때 어머니는 막내인 저를 깨워 손을 잡고 성당으로 가곤 하셨습니다. 지금 생각해 보면 새벽녘 어두운 길을 당신 혼자서 걷기가 무서워서 그러셨을까요? 아무튼 잠에서 깨어 반쯤 잠긴 눈으로 어머니 손을 잡고 성당으로 가던 그 눈 내리던 어두운 새벽녘을 기억합니다. 간혹 가로등을 지날 때 뒤를 돌아보면, 눈길 위에 큰 어른 발자국과 작은 어린아이 발자국이 선명하게 남아 있는 모습 그리고 하늘에서 내리던 눈 때문에 금세 자국들이 덮어지는 것이 신기해서 자꾸 뒤돌아보았던 것이 생각납니다. 성당에서 새벽 미사가 시작되면 어머니는 미사포를 쓰시고 엄숙함 속에 미사를 드리셨고, 꼬마였던 저는 어머니 옆 기다란 의자에 누워서 어머니의 외투를 이불 삼아 맛나게 잠을 자곤 했습니다. 어느덧 미사가 끝나고 다시 손을 잡고 성당 문을 나설 때면 성당 입구에서 무척 키가 크셨던 외국 신부님이 어린 저의 머리를 쓰다듬으며 맛있는 사탕을 하나씩 주셨습니다. 검정 구두에 검은 수단을 입으셨던 외국 신부님의 거대한 풍채와 작고 어린 내게는 한참을 올려다봐야 했던 신부님의 얼굴과 머리 위까지⋯ 그때는 왜 그렇게 거대하게 느껴졌는지⋯ 두려움보다는 제 머리를 쓰다듬어 주시던 신부님의 그 온기가 마냥 좋았습니다.

거인 같았던 손에서 느껴지던 따뜻한 그 온기의 주인공을 얼마간의 시간이 지난 뒤, 사제가 되겠다고 들어간 신학교에서 우연히 다시 만나게 되었습니다. 그분은 신학교 교수 신부님이 되어 계셨고, 가물거리는 어릴 적 기억으로 주저하는 저를 보시더니 모 성당의 그때 그 꼬마 아니냐고, 여기서 만나게 될 줄 알았다고 하시며 잔잔히 웃으시던 인자하신 모습이 지금도 생생합니다. 인간의 인연이었을까요? 아니면 하느님의 섭리였을까요? 많은 시간들이 흘러 다시 뵈었을 때 그 키 크고 멋진 외국 신부님은 어느덧 할아버지 신부님이 되어 계셨고, 그때 그 어머니도 인생의 노년기에 접어들기 시작하셨습니다. 무엇을 보시고 '여기서 만나게 될 줄 알았다.'고 하셨을까? 그렇게 궁금했던 그분의 말씀을 지금에서야 어렴풋이나마 마음으로 이해하게 되니 더 이상 궁금해지지 않는 것도 신비롭습니다. 돌이켜보니 이렇게 되기까지 참으로 많은 일들이 있었고 하느님의 손길을 체험했던 것 같습니다. 그리고 그로부터도 25년이 더 지나 이 글을 쓰고 있는 지금, 제가 유학하는 동안 그 노신부님은 하느님 품으로 가셨고, 그때 그 어머니는 가끔 아들 신부에게 무릎이며 허리 등 이곳저곳 아픈 곳을 하소연하는 완전한 할머니가 되셨습니다. 그리고 어머니의 손을 잡고 눈길을 걸으며 성당으로 향하던 그 꼬마는 신부가 되어, 엄마 손을 잡고 새벽 미사에 오는 또 다른 꼬마 복사들에게 사탕을 나누어 주고 있습니다.

  모두가 말하는 것처럼, 때가 되면 모든 것이 한순간에

지나가는 것 같습니다. 아직도 기억 속 그 신부님의 온기가 금방이라도 느껴질 듯하고 중년의 어머니의 맑은 새벽 기도 소리가 귓가에 들려올 듯한데, 이제는 오직 마음으로만 느껴집니다. 그토록 다양하고 드라마틱했던 우리 인생의 시간들도 때론 아무런 설명이 필요 없는 그저 하나의 순간처럼 느껴지고, 찰나 같은 지금 이 순간이 영원한 것처럼 느껴지는 것은 분명 하느님 안에서만 체험할 수 있는 은총일 것입니다. 이런 작은 체험은 결국 삶을 주관하시는 그분 앞에서 우리를 고개 숙이게 합니다. 인간이 스스로 경계를 지으며 살아온 삶의 단계들과 시간들도 하느님 안에서 그저 단 하나의 순간일 수밖에 없음을 알게 되고, 사람마다 그분을 만나는 인생의 시점이 조금 다르겠지만 결국 모든 것은 그분 안에 있다는 것을 고백하게 합니다. 인간의 열정에 앞서 기도를 이끌어 내시고, 당신의 시간과 인생의 시간을 인내하며 기다리게 해 주심에 감사드릴 뿐입니다.

사제 서품 선물…
'버스표'

 사제품을 받고 첫 본당 보좌 신부로 발령을 받았습니다. 십여 년 동안 나름 잘 양성된 굳건한 신앙에 젊음과 열정이 더해졌으니, 두려울 것 없던 저의 첫 발걸음은 너무나도 가벼웠고 무엇이든지 기뻤습니다. 지금 생각해 보면 아마도 교만의 유혹이 시작되던 때가 아닌가 싶습니다.

 어느 날 며칠간 첫 휴가를 받아 본가에서 편하게 지내고 다시 성당으로 떠날 준비를 했습니다. 아쉬움과 섭섭함을 뒤로 하고 간단히 짐을 꾸리고 현관에서 신발 끈을 고쳐 매고 있는데, 그런 저를 어머니께서 물끄러미 바라보시는 것이었습니다. 평소와 다른 모습이기에 저도 몸을 일으켜 마주 보았습니다. 저보다 훨씬 작은 키에 백발이 성성한 어머니 모습이 조금 안쓰럽다는 생각을 하고 있는데 갑자기 저에게 질문을 하셨습니다. "신부님, 성당은 어떻게 돌아가실라우?" 그때는 차가 없던 때라 저는 당연하게 "여기서 한 시간 정도니까 택시를 타고 가든지 아니면 아시는 신자분에게 부탁을 해서 지나가는 길에 얻어 타고 가면 되지요. 그런데 왜요?" 그러자 어머니께서는 기다렸다는 듯이 말씀을 이으셨습니다. "신부님, 엄마가 바빠서 우리 아들 신부님한테 서품 선물도 못 주었네. 잠깐만 있어 보시오." 그러고 나서 잠시 방에 다녀오시더니 "자, 손 좀 줘 봐. 우리 신부님한테 서품 선물 좀 주게." 어머님의 이 말씀에 저는 내심 여비 하라고 챙겨주시려나 보다 하는 기대감으로 손을 내밀었습니다. 그랬더니 어머니께서는 제 손에 선물을 쥐어 주시며 당신 손으로 포개십니다. 예상과는 달리 뭔가 중량감이 없는 그 가벼움에 실망하며 '이게 뭘까?' 하고 손바닥에 올려진 선물을 보았습니다. 어머니께서 주신 사제 서품 선물은 다름이 아니라 10장짜리 한 묶음 '버스표'였습니다. 황당해하며 그것을 물끄러미 바라보고 있는 저에게 "신부님, 우리 아들 신부님은 버스 타고 다니시오. 신부님이 만나는 신자들 대부분이 버스 타고 다닌다오." 순간 그 자리에서 얼음처럼 굳어져 버렸습니다.

 이 글을 쓰면서 소중하게 간직했던 그 버스표를 오랜만에 꺼내 만지작거리며 생각에 잠깁니다. 사제 서품 선물로 받은 버스표는 단순히 차량만을 의미하는 것은 아니었습니다. 편리함이나 시간 절약의 이유로 신자들의 차량 이용을 당연하게 여기는 생각들은 거기서 멈추지 않습니다. 어느덧 신자들이 대접하는 좋은 음식과 자신들을 위해서는 쉽게 구입하지 않는 귀하고 좋은 선물을 받는 데 익숙해지고 습관화되는 것에 대한 염려이셨던 것입니다. 지금 생각해보니 그 염려는 사목자, 신부라는 명목으로 부수적으로 누리는 모든 것들을 당연하게 여기는 것에 대한 경각심이자, 가장 기본적인 기도에서부터 결국 모든 방면으로의 사목적 게으름을 정당화시키는 또 하나의 유혹에 대한 경계였던 것입니다. 어머니께서 손수 저의 손에 쥐어주셨던 이 버스표는 사제 생활 처음부터 지금까지 순간순간 저의 부끄러운 모습들을 돌아보게 하며 고개 숙이게 하였습니다. 예수님의 말씀이 떠오릅니다.

"내가 너희를 돈주머니도 여행 보따리도 신발도 없이 보냈을 때, 너희에게 부족한 것이 있었느냐?"

그러자 제자들이 대답합니다.

"아무것도 없었습니다."

스스로 자만해지거나 나태해졌구나 하는 것을 하느님의 은총으로 깨닫게 될 때면 이 버스표를 선물로 받았던 순간을 떠올리곤 합니다. 어머니와 그날의 약속을 지키기 위해 지금은 성당 주변의 버스 노선들을 살펴보고 가끔은 일부러라도 차를 놓고 다닙니다. 중요한 것은 신자들과 호흡을 함께하며 살아가는 것이었습니다. 예수님께서 그러하셨듯이 말입니다. 만일 어머니의 그러한 염려와 가르침이 없었더라면 아마 여러 핑계를 대며 그 옛날 예수님을 거부하고 자신만의 삶을 누리던 또 다른 그 누군가가 되어 있었을지도 모릅니다.

이제는 할머니가 되어 버린 어머니의 사랑스러운 잔소리는 지금까지도 여전히 이어지고 있습니다. 눈이 오는 날이면 어김없이 새벽녘 전화로 성당 마당의 눈은 쓸었는지, 비가 오면 성당에 우산은 여분으로 비치해 두었는지, 신자들보다 먼저 성당 화장실 청소는 하고 있는지, 미사에 오는 신자들에게 고생했다, 미사 와 줘서 고맙다는 말은 잊지 않고 하는지 등등…. 시간이 지나서 어머니의 그 모든 사랑스러운 잔소리들이 이제는 저의 자연스러운 일상생활이 되고 보니, 어머니의 걱정과 염려하셨던 그 마음들에 감사함이 절로 일어납니다. 버스표와 함께 하나로 보관하고 있는 사제 서품 성구를 보며 예수님의 말씀을 다시 한 번 생각해 보는 밤입니다.

"너희가 청하는 것이 무엇인지 아느냐?"

빛바랜
9일 기도 책들

　사목 생활을 하다 보면 부모님이 계시는 곳에 자주 가 보지를 못합니다. 물론 당신들께서도 제가 있는 사목지에는 오시지 않습니다. 여러 이유가 있겠지만 신자들에게 주목받는 것이 부담스럽다는 것이 주된 이유입니다. 아들 신부가 어디로 부임을 받는지도 주보를 받아 볼 때까지 기다리시고 제가 사목지에서 임기를 마치고 떠나고 난 뒤 적당한 시기에 예전 부임지에 와서 조용히 감사 미사를 드리고 가실 뿐입니다. 가끔씩 다른 경로를 통해서 아들 신부에 대한 좋은 평이 들려오면 그것으로 만족해하시며 기도만 계속하신다 합니다. 예전부터 아버지의 성당 봉사 활동은 늘 사람들의 시선이 닿지 않는 새벽녘에 시작되었습니다. 성모상 앞 작은 연못을 청소하고 그 안의 물고기 밥을 주고 주변을 청소하는 것이었습니다. 청소 후에는 누구나 커피 한잔씩 드시고 가라고 커피 자판기 위 동전 통에 잔돈이 생길 때마다 두둑이 넣어 두시고 혹시 누가 볼까 봐 얼른 집에 오신다는 이야기를 주변 분들에게서 듣곤 했습니다. 어느 날 우연히 그 성모상 앞을 아버지와 함께 지나가게 되었습니다. 성모상 앞 작은 연못에 제가 가까이 가니 작은 금붕어들은 도망가기 바빴습니다. 그런데 함께 계시던 아버지가 다가가자 숨어 있던 금붕어들까지 금세 다시 모이기 시작했습니다. 세상에! 미물도 사람을 구별해 가며 발자국 소리까지 알아듣나 봅니다. 배우기도 제가 훨씬 많이 배웠고 알기도 훨씬 많이 아는데, 그 금붕어들은 늙고 힘없지만 그들 곁에 머물렀던 노인을 더 반깁니다. 그 순간 또 하나의 깨달음이 제 머리와 가슴을 때리고 갔습니다.

그런 일이 있은 지 한참 만에 집에 들러 차분히 식사도 하고 이런저런 이야기를 나누었습니다. 그러다가 우연히 어머니의 기도 방에 들어갔다가 예수 성심상, 성모상, 초 등이 있는 기도 책상 위에 허름한 책들이 한쪽에

쌓여 있는 것을 보게 되었습니다. 손바닥 크기의 아주 작은 책들인데 겉표지가 너무 닳아서 테이프로 투박하게 붙여 놓은 책들, 색 바랜 책들이 대부분이었습니다. 그 옆 묵주 아래에 놓여 있던 새 책과는 비교되는 책들이었습니다. 방에서 나오면서 무심결에 어머니께 말을 건넸습니다. "이제 저 책들은 버리지 그래요? 깨끗한 기도 책상과 허름한 책들은 안 맞는데… 어째 내가 가져다 버릴까요?" 그랬더니 갑자기 어머니께서 화들짝 놀라시며 말씀하셨습니다. "에구머니나, 신부님 얼른 나오시오. 그 책들은 절대 손대지 마시오. 내가 하느님한테 갈 때 가지고 갈 거니까. 거기에 내 모든 것이 다 있어. 신부님도 있고, 가족도 있고, 내 인생도 있고 다 있어!" 저의 말 한마디에 깜짝 놀라시는 어머니에게서 시선을 돌려 책상 위를 다시 한 번 보았습니다. 그것은 한평생을 함께해 온 9일 기도 책들이었습니다. 인생의 긴 시간 동안 하루도 빠짐없이 기도하며 손에서 놓지 않았던 책들이라 헤지고 닳아져 허름해졌던 것입니다. 갑자기 눈물이 핑 돌았습니다. 어머니 말씀대로 그 안에는 당신의 모든 것이 다 담겨 있었습니다. 살아 내신 긴 세월만큼이나 다양한 사연의 시간들이, 그리고 감사와 기쁨과 슬픔, 희망과 절망까지 그 모든 것이 담겨 있었고, 그 안에는 한 여인의 수많은 인생사가 하느님과 함께 쌓여 있었습니다. 한 남자의 아내로서 또 자녀들의 어머니로서 그 누군가의 그 어떤 존재로서 살아온 모든 것이 담겨 있었던 것입니다. 그리고 온전히 예수님과 성모님께 의지하며 함께하셨던 것입니다. 인생의 4계절, 화사한 날에도, 비 오는 날에도 멈추지 않았을 것이고, 더운 날에도, 추운 겨울날에도 기도 소리는 끊이지 않았을 것입니다. 칠없는 아들 신부는 그것도 모르고 그저 눈에 보이는 대로 허름하다고 새 책상과 어울리지 않는다고 버리려 했으니, 저는 아직도 멀었나 봅니다.

시골에서 가끔 할머니 신자분들 가정 방문을 하다 보면 비슷한 광경을 보게 됩니다. 그분들은 시집와서 자신이 낳은 자녀뿐만 아니라, 덤으로 받은 시동생들까지 책임져야 했던 분들이었습니다. 그 많은 농사일 다 해내고 그 많은 아이들 일일이 가르치고 키우다 보니, 당신들 표현대로 밥이 입으로 들어가는지 어디로 들어가는지 모르고 살다가 정신 차려 보니 주변에 아무도 없더라는 것이었습니다. 이제는 부모도 남편도 하늘나라로 먼저 가고,

자녀들과 시동생들까지 결혼시켜 다 분가시키고 혼자 남게 된 분들이었습니다. 대가족을 위해 사용하던 수많은 그릇들은 더 이상 필요가 없어져 찬장 문은 굳게 잠겨 있고, 싱크대 위에는 오직 당신을 위해 필요한 그릇 몇 개만 놓고 사신 분들입니다. 그분들의 기도 책상에도 빛바랜 기도 책들이 놓여 있었습니다.

인생길을 걸으면서 힘들지 않았을 리 없고, 수많은 어려움 속에서 흔들리지 않았을 리 없을 텐데, 기도를 멈추지 않고 믿음을 두고 살아온 그분들이 바로 오늘날 성모님과 함께 십자가의 길을 바치고 있는 수많은 여인들, 어머니들이었습니다. 내일에 대한 두려움 속에서도 믿음의 끈을 놓지 않고 오직 가족들을 위해 말없이 성당의 십자가 한 처 한 처 밑에서 고개를 숙이고 있는 수많은 어머니들… 또 다른 성모님들을 봅니다. 게으른 제가 새벽에 일어나 멀리서도 성당을 볼 수 있게 성당 전등을 일찍 켜고, 성당 안을 여름에는 이 세상에서 최고로 시원하게, 겨울에는 가장 따뜻하게 해 드리는 이유가 바로 그것입니다.

그날 밤 감실 앞에 홀로 남아 곰곰이 생각해 보았습니

다. '나중에 하느님 만나러 갈 때에 나는 무엇을 가지고 갈까?'

여러분은 어떠신가요, 무엇을 가지고 가시겠습니까?

자식은 계산을 하지만,
부모는 계산하지 않습니다

일주일에 두 번은 본당 새벽 미사를 하고 아침부터 밤까지 여기저기 강의를 하느라 녹초가 되곤 하는데, 본당으로 돌아가는 길에 아주 가끔 예정에도 없던 본가 방문을 할 때가 있습니다. 사실은 배가 고파서 요기라도 하고 가려고 들르는 것입니다. 저녁 강의 전에 주섬주섬 챙겨 먹고 가도 집에만 가면 왠지 또 배가 고픕니다. 평소 초저녁잠이 많으신 어머니께서는 이런 아들 신부를 맞이해 주시려고 지구보다도 더 무겁다는 그 눈꺼풀을 이기고 기어이 일어나십니다. 식탁에 어머니 표 음식이 차려지고 저는 어머니 건너편에 자리 잡고 앉아 식사를 합니다. 어머니 요리가 맛있어서 먹는 게 아니라 배가 고파서 먹는 거라 누차 농담을 하면서도 왜 그리 맛있는 건지 어느새 밥 한 그릇을 뚝딱 비웁니다. 식사를 하면서 갑자기 장난을 치고 싶은 생각에 밥값이라고 얼마간의 돈을 어머니께 드렸습니다. 두 눈을 동그랗게 뜨시면서 웬 밥값이냐며 어이없어 하시더니 슬그머니 돈을 받아 어느 수첩 안에 넣으십니다. 곁눈질로 보니 레지오 마리애 수첩입니다. 주일 헌금이나 비밀 헌금을 하시려나 봅니다. 식사를 하는 동안 어머니는 아들 신부한테 이런저런 이야기보따리를 한없이 풀어놓으십니다.

주된 이야기는 이번에도 어김없이 당신 성당 이야기, 특별히 그곳 본당 신부님 자랑을 엄청 하십니다. 매번 그러하시지만 이번에도 본당 신부님이 마음에 드셨나 봅니다. 잘생기신 데다 말씀도 노인들이 알아들 수 있도록 또렷또렷하게 잘하시고, 강론도 시원시원하게 하고, 예의바르시고, 그래서 본당 신부님만 생각하면 뭐든지 해 주고 싶은 마음이 드신다고…. 사실 당신 아들도 본당 신부인데, 가만 듣고 있노라면 아들이 본당 신부라는 생각을 안 하시나 봅니다. 그리고 제 앞에서 열심히 당신 본당 신부님 자랑을 하십니다. 잠자코 들으면서 종합한 결과 끝임없이 자랑하는 그곳 본당 신부님의 좋은 점과 칭찬의 배경이 밝혀졌습니다. 그것은… 미사 갈 때마다 그곳 신부님이 나와서 손을 잡아 주며 안부를 묻고 아는 체를 해 준 것에 감동을 받으신 것입니다. 사실 본당 신부님이 모든 신자들에게 다 그러시는 것을 받아들이는 신자의 입장인 어머니는 마냥 좋으셨던 것입니다. 그럼 그렇지! 오늘도 어머니께 하나 배우고 갑니다. 저 역시 본당 신자들에게 더욱 잘해야겠다는 생각을 하게 됩니다. 가끔은 사탕도 드리고 영감님 흉보는 것도 맞장구쳐 드리고… 이야기를 듣는 내내 아무 말 없이 밥을 먹습니다. 집밥은 먹어도 먹어도 맛있습니다. 아무튼 주무시는 어머니를 깨워 놓고 식사를 하려면 당신이 하시고 싶은 이야기 다 들어 드리고, 가끔은 아버지 흉보시는 것도 맞장구쳐 드리고 그래야 합니다.

가끔씩 이루어지는 어머니와 함께하는 이런 불규칙한 저녁 식사 시간이 저는 참 좋습니다. 아들 신부한테 하고 싶어서 미뤄 놓은 늙은 어머니의 이야기를 듣는 것도 좋고, 때로는 날카롭게 신부들의 잘못을 지적하면서 아들 신부는 그렇게 살면 안 된다고 넌지시 에둘러 충고하는 그 시간도 소중합니다.

 이제 본당으로 돌아갈 시간입니다. 배도 부르고 기분도 좋고, 슬슬 잠이 쏟아지기 시작합니다. 그래도 가야 합니다. 잠을 자도 내 사목지 가서 자야지… 하며 일어서려는데, 갑자기 어머니가 요즘 제가 자주 읽은 책 한 권을 달라고 하십니다. 요즘 무슨 책을 읽느냐고… 저는 귀찮아서 어머니는 봐도 어려워서 모른다고 일축하고 문을 나섰습니다. 어렵게 꺼내신 부탁을 매몰차게 거절한 저를 어머니는 그래도 문 앞까지 따라오시며 예수님 일 열심히 하라고 배웅해 주십니다. 이렇게 배웅하는 어머니의 눈가에는 늘 애잔함이 어립니다. 이곳저곳 떠돌이 생활하는 아들 신부가 짠한가 봅니다. 그래서 오히려 저는 더 힘차게 문을 닫고 씩씩하게 나옵니다. 하지만 그대로 뒤돌아 문 앞에 서서 잠시 기도를 드립니다.

 "예수님, 그리고 사랑하는 어머니 성모님, 언제까지일지 모르겠지만, 저에게 이 잠깐 동안의 평화와 기쁨을 주는 이 문을 오랫동안 드나들게 하소서. 이 집에 축복을 내리시고, 당신을 믿고 살아온 이 집의 늙은 부부에게도 노년의 축복을 내려 주소서."

운전하고 오는 내내 마음속으로 한 가지가 걸립니다. 저는 왜 이렇게 못나고 어리석은지 모르겠습니다. 아들 신부가 읽는 책 한 권 보고 싶어 하는 어머니의 바람을 그토록 매몰차게 뿌리치다니… 빨래를 너시다가도 하늘의 비행기만 보면 아들 신부가 탄 비행기인가 하고 성호경을 그으며 9년을 기다리셨다는데… 어느 순간 저는 계산을 하고 있었던 것입니다. 시간 내서 얼굴이나마 보여드렸고, 생각날 때마다 안부 전화라도 드렸고, 때가 되면 기념일을 챙겨 드렸고… 기타 등등… 제 할 도리는 한 것 같아 이제 피곤하니 빨리 가서 쉬어야겠다는 생각만 하고 있었습니다. 사실 제가 해 드린 것보다 더 많은 것을 받았었는데….

'부모는 자식에게 줄 때 계산하지 않지만, 자식은 부모에게 줄 때 계산한다.'는 말이 떠올랐습니다. 부모와 자녀 관계만 그러할까요? 하느님께서 우리의 아버지이시고, 우리가 그분의 눈에 넣어도 아프지 않은 자녀이기에 하느님께서도 그러하실 것입니다. 그분은 우리에게 주실 때에 계산하지 않으십니다. 무엇인가를 해 달라고 요구할 때마다 항상 준비하시고 계셨다가 시기적절할 때에 결국은 우리에게 유익하게 베풀어 주셨습니다. 하지만 우리 인간은 너무나도 기억을 잘합니다. 아니, 계산을 잘합니다. 묵주 기도 몇 단, 9일 기도 몇 번 드린 것을 기억하며 우리 뜻대로 되어 가길 기대하고, 행여 우리가 기다리는 결과가 주어지면 당연하듯 여기기도 합니다. 하느님께서 우리의 원의대로 움직여 주셨다는 안도감이나 당연함일까요, 아니면 교만일까요? 반대로, 우리의 뜻대로 되어 가지 않으면 하느님은 오롯이 우리 원망의 대상이 되기도 합니다. 그 안에는 다분히 하느님과 관계 맺는 인간의 이기적인 계산법이 적용되었던 것입니다. 하지만 더 깊이 들어가 보면 우리는 실상 그분께 무엇인가를 드린 적이 없습니다. 오직 받기만 했습니다. 받은 것에 비하면 우리가 드렸다고 말하는 것은 실상 작은 기도뿐이었고, 그마저도 너무나도 미미했습니다. 인간의 이기적인 계산법에 기초한 하느님과의 관계는, 모든 것이 당연히 그분의 것이라고 고백하는 우리의 고백을 스스로 부정하고 있는 것입니다. 지금까지 우리는 이처럼 너무나도 가난한 영성을 가지고 살아온 것 같습니다.

  하느님은 우리를 언제 어디에서든지 만나고 싶어 하십

니다. 항상 기다리십니다. 우리가 바빠 살아가면서 그분을 외면할 때조차도 곁에서 묵묵히 우리 발걸음을 지켜 주십니다. 행여나 넘어질세라 다칠세라…. 반면 우리는 그분을 홀로 남겨 둘 때가 많습니다. 때로는 그분에게 알리지도 않고 그분보다 앞서 나가고자 합니다. 그러면서도 넘어지면 그분 탓을 합니다. 우리 삶이 다하는 그 순간까지가 아마도 하느님께서 우리를 양육하시는 기간일 것이고, 백발이 성성한 노인이 되어도 그분께 우리는 여전히 사랑스러운 아기일 것입니다. 우리가 그분을 만나는 순간까지 하느님께서는 계산도, 기억도 하지 않고 그저 베풀기만 하실 것입니다.

한밤의 작은 만남, 짧은 시간이었지만, 많은 것을 생각하게 하는 밤이었습니다. 내일 아침 일찍 읽고 있는 책 한 권 어머니께 보내 드려야지 마음먹으며 사목지로 돌아옵니다. 기억하지 않고, 계산하지 않으며 오롯이 생명을 키우는 세상의 모든 어머니들을 위하여 성호경을 바칩니다.

짧은 후기

"이제 주님을 만날 준비를 하겠습니다." 알프스 자락 근처 시골 성당에서 어느 신부님의 퇴임 미사에 참석했을 때 들은 말씀입니다. 여느 은퇴식 미사처럼 약력이 소개되어야 하는데, 그분은 짧은 인사말로 대신하셨습니다. 현직에 계시는 동안 마지막 강론도 당신께서 늘 하시던 그대로, 조용히 잔잔히 이런저런 이야기를 하십니다. 그분 강론은 특별함이 없는 것이 특별함입니다. 신자들을 가르치려 하시지도 않고, 일상 소소한 삶을 예수님의 이야기와 연결시키십니다. 그래서 처음 듣는 분들은 생소하겠지만, 시간이 조금 지나면 이상하리만큼 오히려 편안합니다. 지금 돌이켜 보니 그분은 미사의 일부분으로서의 역할에 충실하도록 강론을 하셨고, 당신 삶도 예수님께서 세우신 교회의 일부분으로 성실하도록 사셨습니다. 그리고 마지막 인사말도 간결하면서도 평온하게 이렇게 인사를 하셨던 것입니다. "여러분 감사했습니다. 이제 저는 하느님 만날 준비를 합니다…."

정년? 퇴임? 은퇴…. 보통은 제2의 인생을 꿈꾸며 많은 계획들을 세우고 그에 대한 희망이나 기대를 하는데, 대신에 하느님 만날 준비를 하신다고 합니다. 사목을 하면서 인간적인 열정이 앞설 때마다 떠올리게 되는 그분의 마지막 이 말씀은 하느님께서 허락하신 시간 안에 잘 스며들어 살아가고 있는지 저 자신을 돌아보게 해 줍니다. 어찌 보면 우리가 바쁘게 살아가는 매일매일이 하느님을 만날 준비의 날이기도 할 것입니다. 시공에 대한 삶의 단계의 구분은 그저 유익함을 위한 인간 스스로의 구분일 뿐, 우리의 하루하루는 정말로 지상 나그네 길, 잠시 머물다 가는 소풍 같은 날들, 하느님을 만날 준비를 하는 날들의 연속일 뿐입니다.

사제 생활을 하면 할수록 누려움이 고개를 듭니다. 행여나 기성품 같은 삶을 흉내만 내고 있지는 않은지, 예수님의 교회와 인간의 교회 사이에서 갈등하고 있는 것은 아닌지, 수천 년 전 이런저런 이유로 예수님을 거부했던 그 누군가의 자리에 있지는 않은지… 신앙이 없는 신학과 교리를 이야기하고 예수님이 빠진 성경을 해석하며, 결국 예수님 뒤에 가는 것이 아니라 예수님 앞서서 걸어가고 있지 않은지, 사제 생활 내내 맴돌던 이런 염려와 두려운 마음은 어느 날 문득 저 역시 가난하고 허점투성이 인간, 하느님 앞에서는 수많은 죄인 중에 한 사람이었을 뿐이라는 것을 깨닫게 했습니다.

살아가면서 그분의 시선을 잃어버리고, 그분의 마음을 잃어버린다면, 그 어떤 삶에 대해서든 자신만의 합당한 명분과 이유도 그분 안에서 존재 이유를 갖지 못합니다. 걱정과 두려움을 가지고 회심의 길에 서 있는 저 자신을 보면서 지금까지의 삶에 대해 특별할 것도 없는 소소한 이야기를 정리해 보았습니다. 그 과정은 길고도 멀었지만 머리로만 하던 신학 대신 점차 온몸으로 신앙을 하도록 해 주었고, 덕분에 하느님께 온전히 맡기는 법을 배워 가기 시작했습니다.

예수님께서 세우신 교회, 우리가 지체인 그 교회는 지금도 걸어갑니다. 간혹 빨리 갈 때도 있고 느리게 갈 때도 있습니다. 인간적인 시각으로 빨리 갈 때는 환호했고, 느리게 갈 때는 답답해했습니다. 그러나 잊지 말아야 할 것은 인간의 가벼움과 조급함에도 교회는 한 번도 멈추지 않았다는 것입니다. 인간의 교회가 아니라 예수님의 교회였고, 인간의 뜻이 아니라 성령에 의해 움직이고 있기 때문입니다. 그 작은 체험들은 하느님께서 만드신 세상이 바로 예수님의 교회라는 것을 이해하게 해 줍니다. 그리고 그 한가운데서 예수님이 세웠던 성전은 당신이셨고, 당신이 세상에 세우고 싶어 하던 성전은 당신을 따르는 우리들이라는 것을 알게 해 줍니다. 그러므로 신의 길을 걷고자 하는 이에게는 세상이 예수님의 교회가 되고, 인간의 길을 걷고자 하는 이에게는 인간의 교회가 되는 것입니다. 지금 이 순간에도 그리 빛나지도, 화려하지도 않은 사목지에서 하느님의 뜻을 찾으며 걸어가는 수많은 사목자들이 있습니다. 잘 드러나지는 않지만 묵묵히 자신의 자리를 지켜 가는 그들이 바로 세상에서 예수님의 교회를 이루고, 성령 안에서 서로가 유기적으로 살아 움직이게 합니다.

오랜 시간, 알 수 없는 방황을 끝내고 다시 집으로 돌아온 느낌입니다. 무엇인가를 얻고 채우느라 나도 모르게 떠났다가, 결국 아무것도 없는 빈손이 되어 돌아왔는데 오히려 마음은 편안해진 느낌입니다. 그런데 그곳에는 예전처럼 모든 것이 변함없이 각자의 자리에 있었고, 아직도 사랑의 온기가 여전했습니다. 새벽녘 다시 성당으로 향하는 발걸음도 마치 오래전 늘 해 왔던 것처럼, 제자리를 찾은 것처럼 익숙합니다. 이제 거기에 촛불 하나 겸손되이 밝힐 수 있는 마음을 더해 주심에 그저 고개 숙여 감사드릴 뿐입니다. 모두에게, 모든 이들의 삶의 자리에 주님의 평화가 진정 함께하시길 기도합니다.

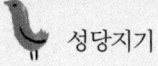 성당지기